「発達障害」と間違われる子どもたち

成田奈緒子

JN047549

青春新書
INTELLIGENCE

はじめに

――子どもの「発達障害」を疑う前に知ってほしいこと

あなたがこの本を手にとってくださったということは、ご自身のお子さんや関わっているお子さんのことを心配に思っているからだと思います。

集団行動ができない、友だちとのコミュニケーションがうまくいかない、集中力がない、ミスや忘れ物が多い、相手の話を聞いていない……子どものそんな行動が目立ち、「うちの子、もしかして発達障害かも……？」と思われたことがある方もいるのではないでしょうか。

もしくは、学校や幼稚園・保育園の先生から「お子さんは、発達障害ではないでしょうか」と告げられ、医療機関の受診を勧められた方もいるかもしれません。

しかし、私自身の約35年にわたる研究・臨床経験を踏まえても、本当に発達障害と診断されるお子さんはそこまで多いわけではありません。

もしかすると学校や園で悩みを抱えるお子さんの多くは、「発達障害ではなく、発達障

害もどきかもしれない」というのが、今の私がたどり着いた結論です。

この「発達障害もどき」とは一体何なのか、そして、発達障害もどきから抜け出す具体的な方法を解説するのが本書です。

近年、発達障害と呼ばれる子どもが劇的に増えているのをご存じでしょうか。

文部科学省のある調査によると、2006年の時点では、発達障害児の数は全国で7000人足らずでした。しかしそこから14年後の2020年には、発達障害児の数は9万人を超えたのです。**数字だけ見ると、この14年で発達障害児の数は約14倍に増えました。**

少子化で子どもの数が減り続けている中、発達障害児の数は反比例するように増え続けています。

ただ、長年、多様な臨床現場を経験してきた私からすると、この子どもたちのすべてが発達障害児にはどうしても思えません。この中に少なくない数で「発達障害もどき」の子がいると確信しています。

発達障害もどきとは、ひと言でいうと**「発達障害の診断がつかないのに、発達障害と見**

分けがつかない症候を示している状態」のこと。詳しくは本書で定義していきますが、言動に発達障害と同様の症候があるように見え、まわりから発達障害を疑われているが、実は発達障害ではない——主にこういったケースを指します。ちなみに、私が子どもたちに向き合う中でつくった造語であり、医学的診断名ではありません。

前々からこういった子どもたちはいましたが、最近特に、この「発達障害もどきとしか言いようがない子どもたち」が増えていると思うのです。

私は、これまで小児科医として、発達障害をはじめとする子どもの脳の発達による問題に向き合ってきました。また、子どもの発達について研究をする科学者でもあります。長年、こういう活動をする中で、研究と臨床だけでは問題を根本的に解決できないという思いから「子育て科学アクシス」という医療・教育・福祉の専門家がその垣根を超えて集い、チームで子どもの問題に向き合う場の主宰をしています。

同時に、発達障害者支援センターや児童相談所での嘱託医《しょくたくい》、精神心理疾患外来の医師を担当し、大学で特別支援教育を志す学生の指導も行っています。働きながら娘を育てた経験も含め、「子どもの発達・育ち」に人生の多くの時間を注いできたといっても過言ではありません。

こうして、多方面から子どもの育ちに向き合う中で気になっているのが、「発達障害」という言葉が独り歩きしているように感じる現状と、その言葉に振り回されてしまっている親御さんや教育関係者の方の多さです。

誤解がないようにお伝えしたいのですが、子どものことを案ずる親御さんや先生方の気持ちを否定するつもりは、まったくありません。言動が気になる子に対して「発達障害ではないか」と早期に考え、子どもの将来を思ってなんらかの手立てを考えることは、とても大事なことです。

でも、長年の臨床経験からお伝えすると、その前にやるべきこと、確認していただきたいことがあるのも事実なのです。

発達障害を疑う前にやるべきことを知らなかったり、そこを見落としてしまったりすると、後々お子さんが抱える問題が大きくなることさえあります。

「発達障害もどき」という言葉は、子どもの言動に悩んでいる親御さんからすると、少し冷たく思えるかもしれません。ただ、この概念は子どもの発達障害を考える上で欠かせないものです。

お子さんのことで悩んでいる方の力になりたいからこそ、子どものことを考える選択肢の1つに「発達障害もどき」を加えてほしい。この概念を知り、そこから抜け出す方法を試していただくことで、親御さんが子どもと向き合うのがラクになったり、何より「困っている子ども自身」の悩みや苦しみを減らしたい。そんな思いで本書をまとめました。

本書で提案する「発達障害もどきから抜け出す方法」は、私がこれまで多くの子どもたちを診る中で編み出した、子どもの脳を育てる基本的な方法です。私が診てきた子どもたちの中には、本書の方法で「発達障害のような症候」が消えた子がたくさんいます。「うちの子は、発達障害ではないか」と思っている親御さんには、ぜひ、本書の方法を試していただけたらと思っています。

また、この方法は、子どもの脳を育てる基本的な方法なので、子育てに悩んでいる親御さんだけでなく、教育関係者、学校や保育園・幼稚園の先生にも役立てていただけるはずです。

脳育てといっても決して難しいことを行うわけではありません。日々の中でできることを取り入れると、子どもとの関わりがラクになり、子どもがぐんぐん伸びていくはずです。**早ければ1週間ほどで子どもに大きな変化が起きます。**

子どもに気になる行動があったり、まわりの子よりもできないことが多かったりすると、親御さんは悩み、不安になります。この本を手にとったあなたも、自分の子とまわりの子を比べて「これができていない」「発達が遅くて不安」そう思って、悩んでいるのではないでしょうか。しかし、思い悩む必要はありません。

子どもの脳は成長過程にあり、今の状態が永遠に続くわけではないのです。さらに脳はいつまでも成長し続けることが脳科学の研究でわかっています。つまり、今、目の前で気になる行動を起こしているからといって、その状態がずっと続くことはないのです。生まれつきの脳の凸凹があったとしてもなかったとしても、それは変わりません。

本書を読み、**親が自分の在り方や子どもへの接し方を変えるだけで、子どもの脳はみる**

みる変わります。そして、本書の方法を試すことで、親御さん自身もこれまでより健康に、より充実した日々を過ごせるはずです。

子どもに対して「なんか気になるな」と思った、その気づきは、子どものこれからを変えるチャンスでもあります。

子どもの未来を変えるために、この本がお役に立てば幸いです。そして、子どもと一緒にあなたも変わっていきましょう。

「発達障害」と間違われる子どもたち　目次

第1章　「発達障害と間違われる子」が増えている

第2章

「発達障害もどき」から抜け出す方法

第3章 睡眠が子どもの脳を変える

第4章
親と先生のスムーズな連携が、子どもを伸ばす

第5章

子育ての目標は「立派な原始人」を育てること

第1章

「発達障害と間違われる子」が増えている

発達障害とされる子は、13年で10倍に

この本を手にとってくださった方の中には、お子さんの子育てについて悩んでいたり、「もしかしてうちの子は、発達障害ではないだろうか」と思っている方もいるでしょう。

私は、脳科学の研究をしながら、小児科医として発達障害が疑われる子どもの診療も行っています。また、教育の現場にも関わりを持ち、さまざまなお子さんの相談を受けている立場でもあります。

そんな中で、気になっているのが「発達障害の子どもが増えている」というニュースです。

近年「発達障害と呼ばれる子どもが劇的に増えている」といわれています。２００６年の時点では、発達障害の児童数は約７０００人でしたが、２０１９年には7万人を、２０２０年には9万人を超えました。途中から調査対象が広がったことを踏まえても、数字だけ見ると13年（２００６～２０１９年）で10倍に増えていることになります。

発達障害の児童生徒数の推移

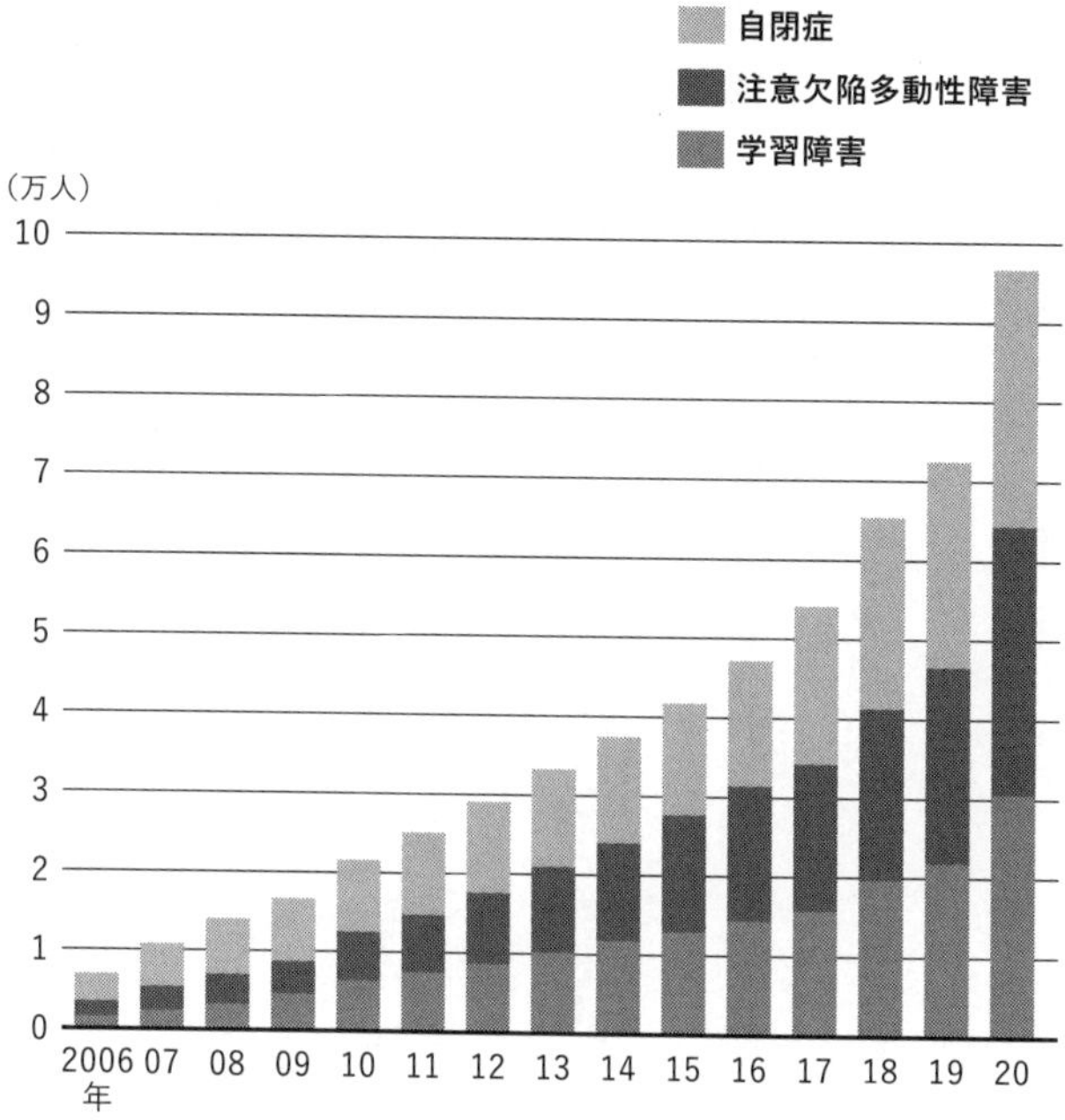

文部科学省「令和2年度 通級による指導実施状況調査結果」より作成

- 自閉症（ASD）
  対人関係が苦手で強いこだわりがあるとされる発達障害
- 注意欠陥多動性障害（ADHD）
  不注意、多動、衝動性が特徴とされる発達障害
- 学習障害（LD）
  聞く・話す・読む・書くなどに困難が生じる発達障害

この章では発達障害について、医療現場と学校などの教育現場がどのような状況にあるのかをお伝えし、なぜ発達障害の疑いのある子どもが増えているかを考えていきたいと思います。

そして、子どもの行動が気になる方に覚えておいていただきたい**「発達障害もどき」**という考え方についても触れていきます。

まず最初に、近年の学校現場を取り巻く状況と社会の変化など、多くの子どもたちが発達障害を疑われている背景にあるものをお話ししていきましょう。

調査のたび増える「発達障害の可能性がある子」

文科省は2000年に「21世紀の特殊教育の在り方に関する調査研究協力者会議」を行いました。その最終報告で、会議に集まった研究者たちが「通常学級にいる特別な教育的支援を必要とする児童生徒に積極的に対応することが必要」という意見を出したのです。

これを受け、2002年に「通常の学級に在籍する特別な教育的支援を必要とする児童生徒に関する全国実態調査」が行われました。

この調査は、小中学校の通常学級の中に発達障害の芽を持つ、特別な支援が必要な子どもがどのくらいいるのかを把握するため、教員に対してアンケートをとるかたちで行われたのです。

この結果、通常学級の中には6・3％、人数にして2〜3名（40名学級の場合）もの「特別な支援を必要とする児童生徒」がいることが明らかになりました。その結果も踏まえてのことでしょう。調査から2年後の2004年には、子どもが小さいうちに発達障害を発見して、適切な支援を行うことを推進する「発達障害者支援法」が成立しました。

この2002年に行われた全国実態調査は一度では終わらず、10年後の2012年にも同様のかたちで、全国の公立小中学校の児童生徒、約5万人を対象に行われたのです。結果、「発達障害の可能性がある」とされた児童生徒は全体の6・5％という結果が出ました。

さらに、2020年度には文部科学省が、通級による指導を受けている注意欠如・多動症（以下ADHDと記載）や学習障害（以下LDと記載）、自閉スペクトラム症（以下ASDと記載）など特別な支援が必要な児童・生徒について別の調査（通級による指導実施状況調査）をし、その結果を発表。

すると、全国の国公私立の小中高等学校で、通常学級に通いながら、週に数回だけ障害などに応じて、他の教室で特別な指導を受けている児童生徒が合わせて16万4697人いることがわかったのです。この数字は、調査開始以来最多となっています。

その中で発達障害の児童生徒は、9万6786人。内訳としては、ADHDの児童生徒は3万3827人、LDは3万612人、ASDは3万2347人。**ADHDとLDは、2006年度の3912人から、14年間でおよそ8倍も増えていたのです。** **2019年度に行った同様の調査から約1万7000人も増加、ASDは、**

そして、昨年2022年にはまた新たな発達障害児に関する調査結果が報告されました。2002年、2012年と同様の調査が、全国の公立小中高等学校の児童生徒、約8万8千人を対象に行われたのです。

そこでは**困難を抱える、すなわち発達障害を疑われる子どもたちが小・中学校においては8・8%もいることが明らかになりました。**

ちなみに8・8%という数字は困難を抱える子どもたちの全体を示す数字であり、より細かな分類は次のようになっています（症候を重ね合わせて持っている子もいるため、合計の数字は8・8％より多くなります）。

■6・5％　…　学習面で著しい困難がある
■4・7％　…　行動面で著しい困難がある（指示に従えない、落ち着きがなく着席が不安定等）
■2・3％　…　学習面・行動面の両面で著しい困難がある

「6・3％」が、教育現場に及ぼした影響

先ほどお話しした2002年の文部科学省の調査（通常の学級に在籍する特別な教育的支援を必要とする児童生徒に関する全国実態調査）で、発達障害の可能性のある子どもが6・3％いるという数字が出たことで、発達障害という言葉と概念は急激に日本の教育現場に広まりました。

2012年度に行われた同様の調査も含めたこの2つの調査は、発達障害に関する認知度を上げるきっかけとなり、教育現場に大きな影響を与えたといえるでしょう。教育現場

で発達障害という考えが浸透すれば、それは家庭にも少しずつ広がっていきます。私は25年以上同じ病院で小児心理外来の診療を行っていますが、これらの2回の調査の後、「うちの子は発達障害ではないか」と相談に来られる方が増えたのをよく覚えています。

ただ、この2つの調査、そして最新の2022年度の調査は、発達障害を診断できる専門家が行ったものではありません。

学校現場にいる教師が児童の言動を評価するかたちで行われたものであり、明確な診断基準に照らし合わせて行われたものではないのです。

それなのにこの数字は、発達障害の子どもの「本当の在籍率」を示しているかのように、広がっていったといえるのです。

世界中で「発達障害児」が増えている⁉

発達障害の可能性がある子どもが、8・8%もいるという国内の調査結果。

これをより深く考えるため、海外における発達障害の割合を、論文などを通して見ていきましょう。

まず、あげられるのが、1970年代にイギリスの児童精神科医ローナ・ウィングが発表した「ASDは、子ども(0~15歳)1万人あたり26人である」という数字です。パーセンテージにすると、全体に対して0・26%程度となります。また、イギリスの発達心理学者サイモン・バロン=コーエンの2009年の論文でも、ASDは1万人あたり1%程度といわれており、調査した時期に違いはありますが、これだけ見ると、今の日本の結果と大きな開きがあります。

実は、海外の論文や研究では、日本の文科省の調査結果のように発達障害をひとくくりにしてデータを集めている例はあまりありません。海外では、ASDとADHDの有病率は分けて統計されることが多いのです。

ここからも引き続き、社会性の障害とされ、集団生活に支障が出ることの多いASDに関する海外の調査結果をお伝えします。

アメリカのノースカロライナ州でTEACCH(ティーチ:ASD児のための療育法)

がはじめられたのが1972年ですが、その当時は2500人に1人がASDと診断されていました。ただ、アメリカの最近の統計では、全米の子どものうちASDの割合は、約2％（44人に1人）といわれています。**10年前の統計（88人に1人）に比べると、アメリカでは約2倍程度の増加です。**

ADHDに関してはどうでしょう。

米国ではADHDの有病率が8人に1人（12％）という驚くべき調査結果があります。しかも増加率としては、2003〜11年の8年間で42・9％も上昇しているのです（8・4％→12％）。また、米国CDCの調査では3〜17歳の子どものうち、9・8％がADHDの診断を受けています。

これだけ見ると、日本のほうが発達障害児の数や割合は少ないように思えますが、米国にはさまざまな人種、民族が住んでおり、英語を十分に使えない子どもの中で診断例が急増しているという事実、また、ADHD大国といわれるほどADHDの診断が多いという実情もあります。それらを加味すると、日本の発達障害児の増加率は、やはり世界でも高いように思えるのです。

日本で、世界で、ここまで増えている発達障害児。この子たちは全員が本当に発達障害なのでしょうか。

私は、その子どもたちすべてが「本当に」発達障害と診断されるはずはないと思っています。

そして急激に増えた発達障害を疑われる子の中に、本書でお伝えしたい「発達障害もどき」の子どもたちが含まれているだろうということを確信しています。

こうして、適切な支援が受けられるようになった

「発達障害もどき」とは何かをお伝えする前に、発達障害児が増えた背景を考えるときに欠かせない日本における「発達障害に関する法や支援の仕組み」について簡単に説明させてください。

まず、2000年代初頭に、発達障害者支援法が成立しました。この法律の制定により、

児童を含む発達障害のある人に対し、適切な支援をすることが推進されるようになったのです。また、発達障害の早期発見も促されるようになりました。

今でこそ、発達障害は公的な支援の対象となっていますが、実はこの法が制定されるまでは、軽度発達障害やアスペルガー障害といわれる知的障害を伴わないＡＳＤ、ＡＤＨＤ、ＬＤなどの発達障害者には、公的な支援はほぼなかったのです。

知的障害のある子には手帳が交付され、福祉の支援があり、その子たちには特別支援学級や特別支援学校などで教育が行われ、卒業後も公的年金などの福祉的支援が行われていたのですが、知的障害を伴わないＡＳＤ、ＡＤＨＤ、ＬＤなどの人には、支援の手が届いていませんでした。

それを変えたのが、ローナ・ウィングが提唱した「自閉症の特徴を持つ人をその状態が重たい人も軽い人も連続体（スペクトラム）として捉える考え方」です。これが日本でも取り入れられ、浸透する中で、発達障害者支援法ができたのです。

このような流れの中で厚生労働省は、全国に発達障害者支援センターをつくり、そこを発達障害者支援の根幹に据えるようになりました。

ご存じの方も多いかもしれませんが、発達障害者支援センターとは、発達障害者を支援するための機関です。発達障害の方とその家族を支援するため、医療や教育など、さまざまな関係機関とつながり、発達障害者とその家族からの相談を受け、サポートを行っています。都道府県などが直接運営しているか、都道府県知事などから指定された特定非営利活動法人や社会福祉法人などが運営をしています。

「この子も、あの子も発達障害？」という現象

発達障害者支援法ができ、発達障害者支援センターができることで、発達障害という言葉が浸透し、メディアでも取り上げられるようになりました。書籍も多数出版され、全国に発達障害者支援センターが設置され、社会が大きく変わったのです。

学校現場では、教員たちが文科省の推奨する発達障害に関する研修を受けるようになり、研修で学んだことを応用して、たとえば「すごく不器用な子」には支援を行う必要があるかもしれないと考えるようになりました。

法律ができたことをきっかけに、発達障害という言葉が教育行政から教育現場に浸透し

ていったのです。

それによって、これまで学習がうまく進まなかった子の問題が解決・改善するなどよい面があり、皆がひとしく必要な教育を受けられるようになったという意味で、とても重要な変化だったと感じます。

ただ、発達障害という言葉の浸透がもたらしたのは、残念ながらこのような好ましい変化だけではありません。

教師や親御さんの子どもを見る目の中に「発達障害」という選択肢が1つ追加されたことにより、**「この子も、発達障害なのかもしれない」と思う方が劇的に増えたのも事実です。**

先生の話を無視して歩き回る子、みんなと同じ行動ができない子、すごく不器用な子……。これまでは、少し手がかかるだけと思われていた子どもたちが、発達障害という枠に当てはめられるケースも現実には増えたように思います。

程度の差こそあれ、園や学校などの教育現場で、気になる行動をとる子どもたちを「この子も、あの子も発達障害?」と考えるようになった可能性があるのです。

発達障害者支援法がもたらしたもの

くり返しになりますが、発達障害者支援に関する法律が整備され、発達障害の認知が広まったことにより、よいことがたくさん起きたのも事実です。

それまでの教育現場では、情緒面、心理面で問題行動のある子は重度の障害ではないとされ、福祉的支援の枠に入りませんでした。法律的に擁護されず、不利が生じる可能性があったのです。

しかし法律ができたことにより、こういった今まで支援の手が及ばなかった子どもたちにも支援の手が届くようになりました。発達障害者支援法は、何の支援も受けられなかった子を支援につなげるという意味では画期的なものです。その結果、数校に1つしかなかった特別支援学級が、いまでは多くの学校につくられています。

その後、2013年には「障害者差別解消法」が制定され、どんな子どもも同じ場で学べるようにするために、障害の特性に応じた環境の調整や工夫をする「合理的配慮」が学校現場、公教育や公的機関に義務づけられました。

皆がひとしく教育を受けるために、このような法の整備が大事なものであったことは紛れもない事実です。

そもそも、発達障害とは何か

この本をお読みの方はすでにご存じかもしれませんが、ここで、そもそも発達障害とは何かということについて簡単に解説しておきましょう。発達障害とは何かを押さえておくことで、本書のテーマ「発達障害もどき」についても、より深く理解していただけると思います。

発達障害は、脳の発達に関わる生まれ持った機能障害です。日常生活にさまざまな困難が見られます。

代表的に知られているのが、ADHDとASD、LDですが、他にもいくつかの種類があり、その症候もさまざまです。「ASDとLD」など、いくつかの障害を併せ持つことも多く、現れる症候はその人によって違ってきます。

日本語では長らく「発達障害」という名称で呼ばれてきていますが、名前の中に「障害」という言葉が入っているので、文字情報としてマイナスのイメージを持ってしまう方もいます。それゆえ、今のDSMの診断基準では、これまで障害と訳していた「disorders（ディスオーダーズ）」を自閉スペクトラム症や神経発達症といった症候があるという意味の「症」と訳すようになっています。ちなみに、「発達障害」という名称は医学的診断名ではありません。小児科学では、定型的でない発達が生後みつかる疾患や障害すべてを含めたカテゴリーの名前を指します。

参考までに、次のページから、多くの医師が使っている診断の手引書である米国精神医学会作成の『DSM－5』（日本語版：『DSM－5 精神疾患の分類と診断の手引』〈株式会社医学書院〉）に掲載されているADHDの診断基準を引用して紹介しましょう。ADHDの場合はこの基準を満たしてはじめて、発達障害だと診断されます。

診断基準

注意欠如・多動症／注意欠如・多動性障害

A.（1）および／または（2）によって特徴づけられる、不注意および／または多動性－衝動性の持続的な様式で、機能または発達の妨げとなっているもの[*1]：

（1）不注意：以下の症状のうち6つ（またはそれ以上）が少なくとも6カ月持続したことがあり、その程度は発達の水準に不相応で、社会的および学業的／職業的活動に直接、悪影響を及ぼすほどである：

注：それらの症状は、単なる反抗的行動、挑戦、敵意の表れではなく、課題や指示を理解できないことでもない。青年期後期および成人（17歳以上）では、少なくとも5つ以上の症状が必要である。

（a）学業、仕事、または他の活動中に、しばしば綿密に注意することができない、または不注意な間違いをする（例：細部を見過ごしたり、見逃してしまう、作業が不正確である）。

（b）課題または遊びの活動中に、しばしば注意を持続することが困難である（例：講義、会話、または長時間の読書に集中し続けることが難しい）。

(c) 直接話しかけられたときに、しばしば聞いていないように見える（例：明らかな注意を逸らすものがない状況でさえ、心がどこか他所にあるように見える）。

(d) しばしば指示に従えず、学業、用事、職場での義務をやり遂げることができない（例：課題を始めるがすぐに集中できなくなる、また容易に脱線する）。

(e) 課題や活動を順序立てることがしばしば困難である（例：一連の課題を遂行することが難しい、資料や持ち物を整理しておくことが難しい、作業が乱雑でまとまりがない、時間の管理が苦手、締め切りを守れない）。

(f) 精神的努力の持続を要する課題（例：学業や宿題、青年期後期および成人では報告書の作成、書類に漏れなく記入すること、長い文章を見直すこと）に従事することをしばしば避ける、嫌う、またはいやいや行う。

(g) 課題や活動に必要なもの（例：学校教材、鉛筆、本、道具、財布、鍵、書類、眼鏡、携帯電話）をしばしばなくしてしまう。

(h) しばしば外的な刺激（青年期後期および成人では無関係な考えも含まれる）によってすぐ気が散ってしまう。

(i) しばしば日々の活動(例：用事を足すこと、お使いをすること、青年期後期および成人では、電話を折り返しかけること、お金の支払い、会合の約束を守ること）で忘れっぽい。

（2）多動性および衝動性：以下の症状のうち6つ（またはそれ以上）が少なくとも6カ月持続したことがあり、その程度は発達の水準に不相応で、社会的および学業的／職業的活動に直接、悪影響を及ぼすほどである：

注：それらの症状は、単なる反抗的態度、挑戦、敵意などの表れではなく、課題や指示を理解できないことでもない。青年期後期および成人（17歳以上）では、少なくとも5つ以上の症状が必要である。

（a）しばしば手足をそわそわ動かしたりトントン叩いたりする、またはいすの上でもじもじする。

（b）席についていることが求められる場面でしばしば席を離れる（例：教室、職場、その他の作業場所で、またはそこにとどまることを要求される他の場面で、自分の場所を離れる）。

（c）不適切な状況でしばしば走り回ったり高い所へ登ったりする（注：青年または成人では、落ち着かない感じのみに限られるかもしれない）。

(d)静かに遊んだり余暇活動につくことがしばしばできない。
(e)しばしば〝じっとしていない〟、またはまるで〝エンジンで動かされているように〟行動する(例:レストランや会議に長時間とどまることができないかまたは不快に感じる:他の人達には、落ち着かないとか、一緒にいることが困難と感じられるかもしれない)。
(f)しばしばしゃべりすぎる。
(g)しばしば質問が終わる前に出し抜いて答え始めてしまう(例:他の人達の言葉の続きを言ってしまう:会話で自分の番を待つことができない)。
(h)しばしば自分の順番を待つことが困難である(例:列に並んでいるとき)。
(i)しばしば他人を妨害し、邪魔する(例:会話、ゲーム、または活動に干渉する:相手に聞かずにまたは許可を得ずに他人の物を使い始めるかもしれない:青年または成人では、他人のしていることに口出ししたり、横取りすることがあるかもしれない)。
B.不注意または多動性－衝動性の症状のうちいくつかが12歳になる前から存在していた。
C.不注意または多動性－衝動性の症状のうちいくつかが2つ以上の状況(例:家庭、学校、職場：友人や親戚といるとき：その他の活動中）において存在する。

D．これらの症状が、社会的、学業的、または職業的機能を損なわせているまたはその質を低下させているという明確な証拠がある。

E．その症状は、統合失調症、または他の精神病性障害の経過中にのみ起こるものではなく、他の精神疾患（例：気分障害、不安症、解離症、パーソナリティ障害、物質中毒または離脱）ではうまく説明されない。

（『DSM－5 精神疾患の分類と診断の手引』〈株式会社医学書院〉より引用）

＊1：この文章は「以下の（1）と（2）、またはどちらかによって不注意と多動性－衝動性、またはどちらかがあり、機能または発達の妨げとなっている」という意味を指す。

ここには詳しくは記載しませんが、ASDやLDに関しても、同様に細かな診断基準が多々あります。

発達障害のおおよその知識は、現在学校現場にいる教師のほとんどが知っていると思いますが、明確な診断基準を正確に知っている人は少ないはずです。このような背景から、学校現場で８％超の子どもが発達障害ではないかと疑いを持たれる現象が起きているのではと、私は考えています。

ここで問題になるのは、発達障害の症候は、主にまわりで見ている人が「主観的」に判断するものが多いということです。発達障害に関するざっくりした情報だけが浸透していれば、同じような言動をとる子どもを見た教師が「この子も発達障害では」と思っても仕方がないことでしょう。

臨床現場から見えてきた「発達障害もどき」という存在

ここまでお伝えしたように、発達障害という言葉が浸透し、教育現場にも広まった結果、学校の先生が「発達障害のカテゴリーに入ると思われる子どもたち」を見つけることが多くなりました。

しかし、**現実に学校などから「発達障害では？」と指摘されて、私のところに相談にくる事例の中には、医学的には発達障害の診断がつかない例も数多く含まれているのです。**

私はそのような例を「発達障害もどき」と呼んでいます。

発達障害もどきとは何かを大まかにお伝えすると、「発達障害の診断がつかないのに、発達障害と見分けのつかない症候を示している状態」を指します。

これは、私が診療を通して出会った子どもたちの症候を見る中でつくった言葉で、そういった診断名があるわけではないことを、ご注意ください。

周囲から見ると言動に発達障害と同様の症候があり、教育現場で発達障害を疑われる。その言動のために子どもたち自身もとても困っている。もちろん、親御さんも悩み苦しんでいる。だが、実際は発達障害ではないというケースも当てはまります。

この本を手にとってくださったということは、ご自身のお子さんや周囲にいるお子さんの言動について困っているのだと思います。まずは、次からの発達障害もどきの定義を読んで、これらがお子さんに当てはまるかどうか、考えてみてください。

発達障害もどきは、次の3つのカテゴリーに分けられます。

発達障害もどき　3つのカテゴリー

1．診断はつけられないが、発達障害の症候を見せるもの

落ち着きがない、集団生活に適応できない、衝動性が高いなど、発達障害と類似した症候があり、相談に来られる親子は多くいますが、必ずしも全員に発達障害の診断をつけられるわけではありません。

発達障害は「先天的な脳の機能障害」と定義されるため、診断のためには「生まれたときからの生育歴」を聞き、それを診断基準に照らし合わせる必要があるのですが、**生育歴にまったく問題はなくてもあたかも「発達障害のような」行動が見られる子どもがいます。これこそまさに、発達障害もどきといえます。**特に小学校入学前までの幼児期に多く見られます。

このような子どもたちによく見られるのが、生活リズムの乱れと、テレビやスマホ、タブレットなどの電子機器の多用です。

のちほど詳しく解説しますが、脳の発達においては、生まれてから5年間は「動物として生きていくためのスキルの獲得」が優先されます。

生活の中で五感にくり返し刺激を入れて脳を発達させ、自然界で生き延びる力を獲得するのが大切で、この原始的な脳が発達していないと言語も感情制御も社会性も獲得できないのです。**生活リズムが乱れ電子機器を多用すると、この原始的な脳の発達が遅れ、脳機能のバランスが崩れるため、発達障害と同じような行動を見せる**のだと私は思っています。

このような「発達障害と同じような症候を見せながらも、正確には診断基準に当てはまらない」という事例をこれまでに私は何例もみてきました。その代表的な例が、次にご紹介するAちゃんです。

事例1　生活を変えただけで、言動が変わったAちゃん

Aちゃんは当時4歳の女の子でした。偏食がひどく、お友だちを叩いたり暴言を吐いたりするなど、発達障害でみられる問題行動が幼稚園で観察されていました。園の先生から、専門機関に行くことを勧められ、私の主宰する子育て科学アクシスに相談にきたのです。

Aちゃんのご家庭では、お父さんが帰ってくるのがいつも23時頃だったそうです。Aち

ゃんのお母さん自身が、自分の父親とあまり関わりがない育ち方をしていて寂しかったという記憶があり、家族一緒の時間をとても大切にしていました。なので、なんとAちゃんとお母さんはお父さんが帰る夜中まで起きて帰りを待っていたのです。

お父さんは料理が得意で、帰宅後に晩御飯をつくります。それをみんなで食べてから寝るので、就寝は夜中の2時くらい。当然、Aちゃんは朝、スムーズに起きられません。ひどいときには9時半起床、通っている幼稚園には10時の登園時間ギリギリに滑り込む生活を続けていました。

私は、そういった生活の話を聞いた上で、Aちゃんのお母さんに「Aちゃんの脳の発達のバランスが崩れかけているので、脳を育て直しましょう」と、お伝えしました。Aちゃんの脳をしっかり育て直すためには、父親の帰りを待っていないで早く寝て、Aちゃんを朝7時には起こすことが大切だと話したところ、お母さんも納得して、生活の立て直しを実践してくれたのです。

生活を変えてからというもの、Aちゃんにはさまざまな変化が起きました。

朝7時に起こすことを毎日くり返していると、夜8時には眠くなって寝つくようになったのです。さらに、朝ご飯もきちんと食べるようになり、幼稚園でもそれまでは自分から友だちの輪に加わることがなかったのが、自分から仲間に入り、コミュニケーションを楽しめるようになったそうです。

友だちとのトラブルもなくなり、落ち着いて字まで書けるようになり、何をするにも集中できるようになったとのこと。**生活リズムを立て直すだけで、Aちゃんの気になる言動がみるみる消えていったのです。特別な療育も薬もAちゃんには必要ありませんでした。**

余談ですが、Aちゃんとお母さんが生活を変えたことで、お父さんも毎日18時には家に帰るようになったそうです。遅く帰るとみんなが寝ていて寂しかったのでしょう。「帰りたい！　帰ろう！」と思って仕事をすれば、早く終わらせられるものだったのかもしれませんね。

2. 医師以外から「プレ診断」を受けるもの

本来、発達障害と診断できるのは、免許を持った医師だけです。しかし最近は普段、子どもを見てくれている**保育士さんや幼稚園の先生、学校の先生から「発達障害では」と、「プレ診断」を受けるケース**が多くあります。このケースも、発達障害もどきのひとつと本書では定義します。

特別支援教育の必要性が世の中に広まり、特に保育園や幼稚園、学校現場では発達障害に関する研修も充実し、多くの方が発達障害の知識を持つようになりました。その結果、このケースは増えているように感じます。

ただ、親御さんに「発達障害かもしれません」と伝えることについては、先生たちも悩み考えての結果です。

子どもにむやみやたらに悪いレッテルをはりたいわけでなく、「可能性がある」と伝えることで、子どもの暮らしをよいものにしたい、必要であれば医師のもとにつなげたいと思ってのことです。

しかし、その言葉を真に受けて、ストレートに行動することは危険です。プレ診断しか受けていないのに、「この子は発達障害だから」「グレーゾーンだから」と決めつけるのはやめましょう。

まずは、本書でこれからお伝えする方法で「今の生活の中で改善できることはないか」を模索してみること。その上で、信頼できる医療機関に相談するのをおすすめします。

3．発達障害の診断をしたものの症候が薄くなるもの

最後、3つめの発達障害もどきは、**「発達障害の診断がついていたにもかかわらず、その後、症候が薄くなったケース」**です。これは私の診た子どもたちの中で実際に起きているのですが、生育歴などを確認し診断をつけた子であっても、その後の生活・環境改善により、症候が目立たなくなることがあるのです。

事例2 中学生で症候が薄まったS君

中学生の男子、S君の例です。

S君がはじめてアクシスに来たのは小学生のときのこと。

行動面でも生育歴を見ても、発達障害の診断がつく男の子でした。幼少期の様子を伺うと集団の中で人に合わせることが難しい、言葉の出が遅い、歩くようになったのは早いけれど「ハイハイ」する時期がまったくなかった、かかとをつけずにいつもつま先立ちで歩いている、物の置き方や朝の行動の順番にこだわりがあるなどの症候があったとのことでした。

また、幼児期にはスーパーに入店するとき、火がついたように泣き出していたそうです。

スーパーの入り口の自動ドアには超音波センサーがついていることが多々あります。この超音波にS君は反応していたのです。一種の感覚過敏ですね。実は、これは発達障害児にはよく見られるものです。

S君は、小学生になっても言葉がスムーズに出ませんでした。そのため、コミュニケーションがうまくいかないストレスから、周囲に暴言や暴力が出てしまっていたのです。話をよく聞くと、S君もS君の親御さんも生活リズムが乱れていて、家族そろって夜型の生活だということがわかりました。

アクシスでの生活改善指導を受け、S君一家は、家族一丸となって生活を変えてくださいました。その成果といってよいでしょう。6カ月後にはS君の問題行動は徐々に消えていったのです。中学生になった今では、症候はほとんど見受けられず、S君は朝5時に起床し、短い散歩をしてから朝ごはんをもりもり食べ、朝早くから学校に行き、自主的に勉強をしているそうです。**今のS君なら、学校等で「発達障害かも」と疑われることがないので、一生医師に相談することもなく過ごしてしまえたかもしれません。**

これが私のいうところの**「発達障害だけど発達障害を表にしなくていい」発達障害もどきのタイプ**です。

増えているのは発達障害ではなく、発達障害もどきだった…⁉

ここまで読んでいただくとおわかりかもしれませんが、私が「発達障害もどき」と名づけるような症候を持つ子は、広い意味で環境が整っていないケースが多いのです。

その結果、小学校入学前にしっかりと育っているはずの脳の大事な部分が育っていないことがあり、学校で問題を起こしてしまいます。

これらの原因や対策についてはのちほど詳しくお伝えしますが、私の主宰する子育て科学アクシスにも、**発達障害のような問題を訴えていらっしゃり、実は「発達障害もどき」だったという子が増えています。**

この発達障害もどきの増加は、先に出てきた文科省の「発達障害の可能性がある子が8・8％いる」という調査結果にも、少なからず関係しているように思います。

忙しいお父さん、お母さんの夜型のライフスタイルに合わせて、生活リズムが乱れたり、小さな頃からおけいこごとをして睡眠時間が減っている子が増えていますが、このような子は往々にして発達障害のような症候を見せます。

こういった子が発達障害の可能性がある子とみられることは多々あるのです。

早生まれの子は、診断がつきやすいという調査結果

また、「発達障害じゃないのかな」と思われやすい子は、早生まれに圧倒的に多いとも感じています。私が診ている患者さんにも1〜3月生まれのお子さんが多いです。

ちなみに私も3月生まれで、小学校のときの私は今の基準に合わせれば、きっと「気になる子」、診断がつけられてもおかしくないような問題児でした。体が極端に小さく、他の子のリズムにまったくついていけず、失くし物、忘れ物の数も多かったのです。

小学校に上がってすぐの頃は生まれ月による差がとても大きいですよね。4月生まれの子と、3月生まれの子では体格も落ち着きも全然違います。それも当たり前のことでしょう。4月生まれと3月生まれでは約1年も成長の度合いが違うのです。

そのため、どうしても早生まれの子の問題行動が目立ってしまいます。特にADHDの診断に導かれやすい子は、早生まれの子に多いようです。先ほど、米国ではADHDの診断が多いというお話をしましたが、実はADHDの診断を受けている子の中には「学年の

区切り月直前に生まれた子が多い」という調査結果があります。

それが、米国で行われた4〜7歳の子ども40万人を対象に、8月生まれと9月生まれを比較する調査です（米国は9月が入学月なので、同じ学年内では最年長が9月生まれ、最年少が8月生まれとなります）。この調査により、8月生まれの子のほうが9月生まれの子よりもADHDと診断される率が34％も高いことがわかりました。この研究論文の執筆者のひとりは、「8月生まれの子は、過剰診断されている可能性がある」と主張しています。

ADHDの診断に導かれやすい子は、学年内で生まれた月の遅い子に多いというこの調査結果は、米国のものですが、国内でも同様のことがいえるのではないでしょうか。

そういったお子さんには、発達障害の診断をつけるより、どうしたら成長が1年遅れている部分を補っていけるのかを家庭と教育現場が連携して考えられたらいいのですが、なかなか難しいことが多いようです。

先ほど発達障害もどきの3つのカテゴリーに共通していえることとして「環境が整っていないこと」をあげましたが、これは家庭環境だけではありません。早生まれへの対応も含めて、教育現場での誤解や無理解、また理解されていたとしても「先生の手がまわらな

4月生まれと3月生まれの子では
体格も落ち着きも違うことが多い

い現状」があるのが、残念ながら現実なのです。

知っていますか？　発達障害と診断されるまでに「必要なこと」

これまで、発達障害もどきという考え方について触れてきましたが、そもそも発達障害と診断されるのに必要なことをご存じでしょうか。

先の項目で診断基準をお伝えしましたが、ここでは診断に必要なこと、診断方法について見ていきましょう。

基本的な診断に必要なのが、母親の胎内にいるときから生まれた後の生育歴、そして心理検査の結果です。

何科（小児科、耳鼻科など）の医師でも診断はつけられることになっていますが、小児科、児童精神科、大人では、心療内科、精神科などの専門医に相談するのが一番よいと思います。

病院によっても異なりますが、一般的には（少なくとも私は）、子どもの生育歴・発達歴に加え、現在の生活環境、夫婦関係、祖父母がいるか、祖父母と同居しているか、学校での環境など子どもに関わるあらゆることを聞きます。

また、私の主宰する子育て科学アクシスは医療機関ではありませんが、家族全員でいらしていただき、公認心理師と一緒に自然な関わりを観察することで、子どもの行動のアセスメントだけではなく、親子の言葉のやりとりなどからたくさんの情報を得て診断を行っています。可能なら妊娠前からのお母さんの様子も伺うようにしています。お腹の中にいる赤ちゃんの体には、胎盤を通して母親からさまざまな物質が入ってきます。妊娠中に飲んでいた薬、アルコール、たばこ、予防接種などが子どもに影響を与えることもあり得るからです。

また、診断の補助的検査として各種心理検査を行うこともあります。心理検査では、発達障害かどうかが確実にわかるわけではありませんが、お子さんの得意なところ、苦手なところが把握できます。これによって、お子さんへの関わり方のコツがわかったり、環境調整のヒントが得られるのです。

たとえば、話し言葉で伝えるより、絵や文字で伝えてもらうほうが理解できる子に、ひたすら言葉をかけてもうまくいきませんよね。その子の認知の特性を心理検査を通して知ることで、効果的な脳への刺激方法がわかってくるのです。

医療機関選びのための3つのポイント

医療機関を選ぶポイントとしては、

① 発達障害の対応をしている医療機関かどうか
② その医療機関で心理検査が行われているか
③ 心理士（公認心理師または臨床心理士）が検査を行い、対応してくれるかどうか

を確認するとよいでしょう。

実は、同じ発達障害でも特にＡＳＤとＡＤＨＤでは診断の方法が違う部分もあります。
詳しく見ていきましょう。

ASDの診断方法

ASDと診断するには、母子手帳などを参照しながら、発達歴を詳しく聞いていきます。在胎週数や出生時体重を確認するだけでなく、運動発達についても細かく伺い、粗大運動（座る、立つ、歩くなどの、生活に必要な動作）、微細運動（手や指を使った細かく精密な動作）、巧緻性《こうちせい》、協調運動（手と足、目と手など別々に動く機能をまとめて動かす運動）などの発達の度合いを確認します。歩行の癖や姿勢なども確認項目です。

一方、言語発達については初語（はじめて言葉が出る時期）や言葉の出た順番などを注意深く聞き、診断を行います。

ASDは社会相互作用に偏りや特徴があるため、興味関心の対象が一般的な子どもたちと異なることが多いものです。そのため、赤ちゃんのときにお母さんとよく目があったか、人見知りの強さ、特定の物への強い興味関心、大人の行動の模倣の有無、などについても伺います。

ASDの診断では、言葉がその子にとって人と関わるための重要な道具になっているかも見極めます。大人からの言語指示に従えていたか、共感を示す言葉が出るようになったか、言語は出ているもののただ大人の言葉をそっくりそのまま返していないか、など踏まえるポイントは多くあります。

診断をつけるためにはそういった細かい発達歴を洗い出しながら、慎重に判断していくのです。

ADHDの診断方法

幼児期は多動であり衝動的であることが多いので、ADHDの特徴が正確に見極められるのは、7歳頃といわれています。検査はそれ以前から受けることができますが、診断が下されるのは就学前後が最も多いです。低年齢の頃は「ADHDの疑い」として確定診断をせずに、慎重に診断・検査を行う医療機関もあります。

ADHDの場合も、先にお伝えした生育歴、家族の様子、既住歴などの確認に加え、子どもが学校でどんな様子か、気が散りやすいか、順番を我慢できないなどの問題があるかなど、普段の行動を確認し、検査（発達・神経学的検査など）と合わせて総合的に診断を行います。

他の発達障害やASDとの区別、併存があるかどうかの判断が非常に難しいので、専門家が何度か問診・検査を重ね、時間をかけて慎重に診断を行うのが通常です。

診断はときに「主観的」で、「流動的」なものである

ASD、ADHDの診断方法を説明した上で、ここであえてお伝えしたいのが、**診断はときに主観的であり、流動的なものでもあるということです。**つまり、一度診断がついたからといって「一生、この子は発達障害なんだ」「障害で、ずっと生きづらいんだ」と思う必要はありません。

診断方法の在り方上いたしかたないのですが、診断にあたっての質問には、当事者である子どもではなく多くの場合、親など「周囲の人」が答えます。**つまり質問への答えは、「まわりの人の主観」によって生み出されるものでもあるのです。**

たとえば、子どもが学校でさまざまな問題行動をしていると教師から指摘を受けてまい

っているお母さんがいたとしましょう。「うちの子は、学校でダメな行動ばかりしている」というお母さんのフィルターを通して子どもを見ると、子どもの問題行動は普段よりさらに際立って見えることもあると思います。

そのようなタイミングで診断を受け、医師から子どもの様子について質問されれば、マイナス部分を際立たせて答えてしまうこともあるかもしれません。そうなると、診断結果は「発達障害の可能性が高い」となることもあるのです。特にＡＤＨＤの検査では、このリスクが高くなることが多いです。

また、発達障害は症候の出方にも「濃淡」があるので、「診断は流動的なものである」ということも押さえておきましょう。子どもによっては、症候の出方が一定でないこともあるので、**そのときによって診断結果が異なる可能性もないとはいえないのです。**

たとえば、緊張やストレスが多いと、一時的に子どもの頭の中で音が増幅することがあります。

私が診ていたお子さんに、音に過敏な子がいました。私がはじめて会ったときは、音楽の時間、まわりの子のリコーダーの音に耐えられず、授業に参加できないほど音に過敏だったのです。しかし、その子が小学校の6年間、ずっと音楽の授業に参加できなかったかというと、そうではありませんでした。

内耳に入ってきた音は、ストレスが高いと増幅し、過剰に脳の中に響きます。これは、大人も子どもも共通しています。つまり、ストレスや不安が強ければ、前頭葉で音を認知するときに、その音を実際に聞こえている音よりも大きな音として認知することがあるのです。

また、その子自身の発達の力もあります。雑多な音を取り込みすぎないようにする、聴くべき音を選ぶ脳の力は少しずつ発達していくものです。この部分が未発達であれば、音が過度にうるさく聞こえることはあります。

リコーダーがうるさいといって音楽室にいられなかった先のお子さんも、生活を変え、ストレスを減らすことで、1年後には「もう、うるさくなくなったから」と音楽の授業に参加できるようになりました。こういった例のように、絶対的な音の大きさや質が変わらなくても本人の聞こえが変わることがあります。

そして、この例でいえば、1年前であれば感覚過敏の症候が強く出ているので、医師が診断をつけるときにはここに大きく注目したかもしれません。**しかし、1年後、症候がほぼ消えている状態で、医師の診断を受けたら、感覚過敏に関してはほとんど問題にならないでしょう。**

親御さんの中には、「発達障害の診断がつくと、それが生涯ずっと変わらない」と思ってしまう方もいますが、それは違います。

不要な思い込みで自分を縛らないためにも、診断は主観的で、かつ、流動的でもあるということを胸に留めておいてください。

第2章

「発達障害もどき」から抜け出す方法

「発達障害もどきかも」という気づきは、変わるチャンス

第1章では、「発達障害もどき」について解説しました。この章では脳の発達の話を中心に、**「発達障害もどきの症候を改善するための対策」**をお伝えします。

その前に、まず覚えておいていただきたいことがあります。それは、**「今の子どもの状態がすべてではない」**ということです。

脳はいつまでも、成長し続けます。つまり、小さい頃に気になる行動があったからといって、一生それが続くとは限らないということです。

脳が成長し、発達の凸凹が目立たなくなれば、先の例のように診断がついていても症候が薄くなることだってありえます。成長の速度は人それぞれですが、皆、成長していくのです。

また、脳科学の研究では、生まれた日から死ぬ日まで、脳内では神経ネットワーク（細胞のつながり）がつくられ続けていることがわかっています。

つまり何歳になっても、いつからでも脳細胞のつながりを増やせるということです。脳

細胞のつながりが増えれば、脳は成長していきます。こういった脳が変わる可能性のことを「脳の可塑性《かそせい》」と呼びます。

ですから、気になる行動を起こしている子どもの今の状態が、20歳、30歳までずっと続いていくということはありません。

子どもが発達障害の診断を受けると、親御さんの中にはショックを受ける方もいらっしゃいますが、落ち込む必要はないのです。ここから子どもと一緒に脳を育てていこうと、前を向いていただけたらと、思っています。

また、お子さんの今の行動が発達障害もどきからくるものであれば、生まれつきの脳の凸凹（発達障害）とは事情が少し違うので、変化の速度は速いといえます。

「うちの子、発達障害もどきかも」という気づきを、子どもとの暮らしを見直すチャンスにしていきましょう。

脳が発達する順番は、どんな人でも変わらない

発達障害もどきを改善するということは、すなわち「子どもの脳育て」をしていくということです。脳育てというと大変なことに思えるかもしれませんが、特別な訓練などは必要ありません。なぜなのか、それを説明するために、まず脳が育つ仕組みについてお話しします。

人間の脳は生まれてから約18年をかけて、さまざまな機能を獲得しながら発達していきます。そして脳の発達する順番はどんな人でも同じです。

まず最初に発達するのが、脳の一番中心にある「からだの脳」、その次が大脳にある「おりこうさん脳」、最後に育つのが前頭葉にある「こころの脳」。それぞれの機能・場所について簡単に説明しましょう。

からだの脳

からだの脳は、脳幹や間脳、扁桃体などにあたる部分で、人が自然界で生きるのに欠か

脳が育つ順番

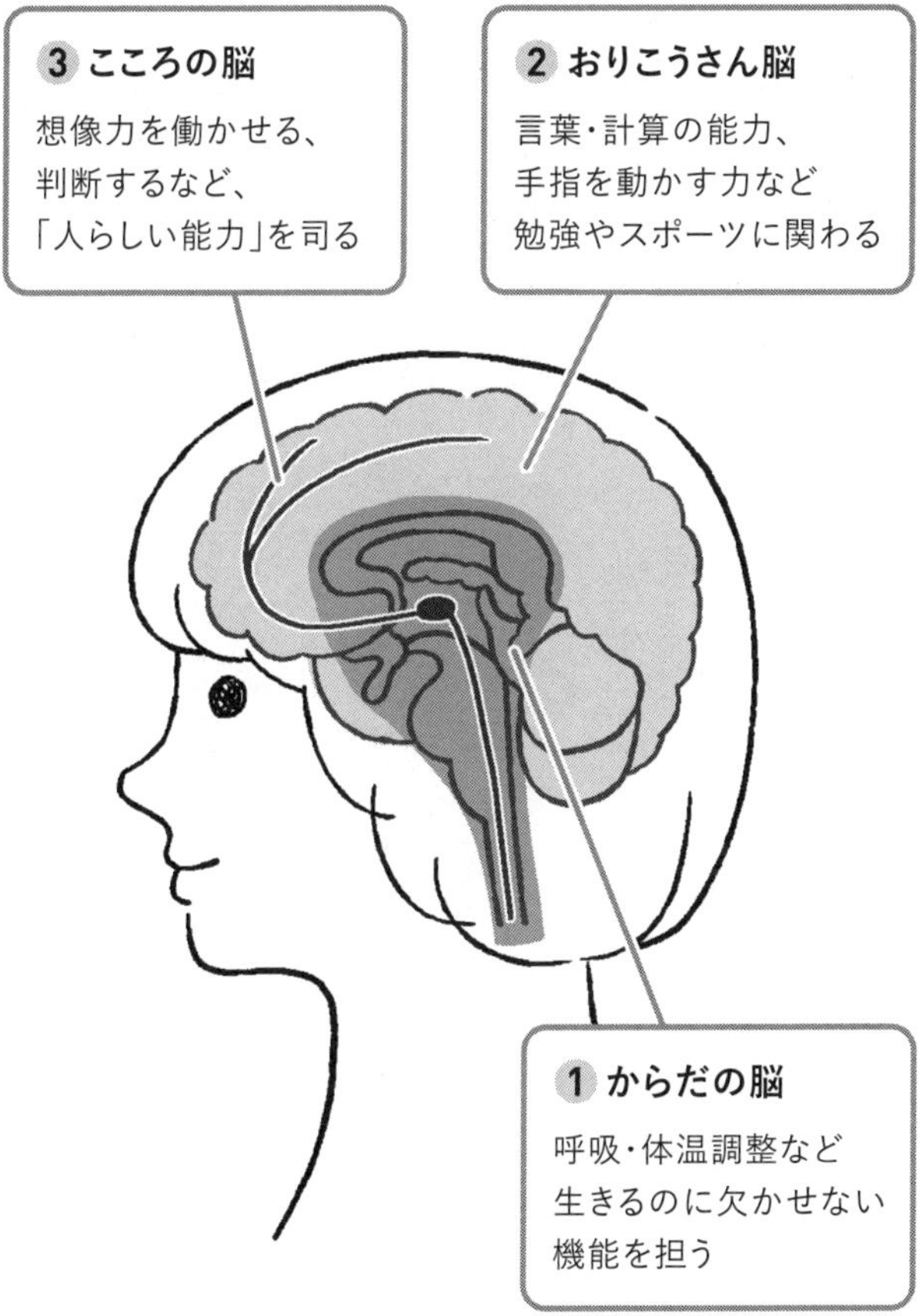
③ こころの脳
想像力を働かせる、
判断するなど、
「人らしい能力」を司る
② おりこうさん脳
言葉・計算の能力、
手指を動かす力など
勉強やスポーツに関わる
① からだの脳
呼吸・体温調整など
生きるのに欠かせない
機能を担う

① からだの脳→② おりこうさん脳→③ こころの脳の順に育つのが大事

せない機能を担っています。生きるのに欠かせない機能とは次のようなことです。

●呼吸・体温調整・体を動かすこと

体を動かすことや呼吸すること、姿勢を保つこと・体温調整などは、この脳の働きによります。そのため、ここがしっかり育っていないと姿勢が保てなかったり、運動が苦手になったりします。

体を動かすことができないと危険が迫ったときに逃げられず、身の安全を守ることができませんよね。「自分で動く」というと誰にでもできる簡単なことに思えますが、命を守るための基本的な働きなのです。

●起きることと寝ること

人の生体リズムをコントロールする体内時計がここにあり、この時計に合わせて自律神経などの機能が働いて、人間は寝たり起きたりしています。

寝ている間の体温は、普段より低い状態です。体内時計の働きによって、起きる時間になると体温が上がり、自然と目覚めることができます。

また夜になり、暗くなると、からだの脳にある松果体からメラトニンという眠くなるためのホルモンが出てきます。

からだの脳にある体内時計の働きで、人は、昼間に活動し夜間は休むというリズムができ、昼行性動物として生きられるのです。

●食べること

食べるということは、とても大事な行為です。人は食べて栄養をとらないと生きていけません。実は「食欲がわく」のも、このからだの脳がしっかりと働くから。胃の中が空であることを察知し、「食べなさい」と指示を出すのも、このからだの脳の働きです。

●感情を生むこと

扁桃体の働きにより、今起こっている出来事について快か不快かを感じ取れます。不快で危険な状況だと察知すると、危険を避けて逃げる、武器を持って戦うなどの行動を起こせるのです。

からだの脳の働きにより、人は自分の身を守り、生きていけます。この生きるのに一番大切な脳は、0～5歳の間に盛んに育ちます。この脳が育っていないと、次に説明する「おりこうさん脳」も「こころの脳」も育ってくれません。

おりこうさん脳

おりこうさん脳とは大脳新皮質のことを指します。からだの脳を覆っているしわしわの部分で、私たちが「脳」といわれて一番に思い浮かべる場所のことです。

●言葉を使う能力

この脳の働きにより言葉を獲得し、話すことができます。また、文字を読めるのもこの脳のおかげです。

●計算・記憶に関する力

学校で習うような計算をする力、漢字を覚えるなど記憶する力もこの脳がつかさどっています。

●知識を蓄え、それを使って考える力

知識や情報をため込み、その知識や情報を必要なときに思い出しながら考えをまとめるのも、この脳の仕事です。それは勉強にまつわるものだけではありません。「物を盗んではいけない」「人に怪我をさせてはいけない」など社会のルールや常識もこの脳に蓄えられます。ここに蓄えられた常識や社会のルールがその人の考えの軸になります。

●手指を動かす力

「手指などの細かい運動」もこの脳の働きによるものです。歩くことや走ることなどの大きな動きはからだの脳の働きですが、指先を動かして物をつくったり、ボールを狙い通りに投げたりするときに必要な「細かい動き」は、おりこうさん脳の働きでできるようになります。

おりこうさん脳は、1〜18歳くらいまでの間に時間をかけて発達します。最も育ち、使われるようになるのは6歳以降で、小中学生の時期に大きく伸びます。

こころの脳

こころの脳は、前頭葉（脳の前側の部分）にあたります。また、「からだの脳から前頭葉につながる神経回路」も、こころの脳の一部です。

主な機能は、想像力を働かせること・判断すること・感情のコントロールをすること、人を思いやって行動することなど、まさに「人らしい能力」をつかさどる部位です。

●感情や衝動を抑え、じっくり考える力

小さな子どもは、嫌だなと感じたら大声で嫌がり、おもしろいと思ったら遊びに没頭します。まさに、感情に素直に生きていますね。これは、このこころの脳が未発達だからでもあるのです。突発的な感情・衝動をつくるのはからだの脳。それにブレーキをかけるのが、このこころの脳です。からだの脳で突発的な感情や衝動が生まれたとしても、前頭葉が働けば、気持ちが落ち着き、じっくり考えたり、衝動的に行動することがなくなります。

●論理的思考力

こころの脳が育つと、論理的思考力も育ちます。

たとえば、家族が病気になり、１人で親戚の家に泊まりに行かなくてはならないとき、「家族と離れて遠くに行って泊まるなんて怖い」とからだの脳にある扁桃体で感じます。その怖いという感情は神経回路を通って、前頭葉に移動するのですが、そこでこころの脳が働けば、「家族は近くにいないけれど、信頼できるおじさんとおばさんといとこがいる、きっと大丈夫」と論理的に考えて怖いという感情を抑えることができるのです。

●コミュニケーションをスムーズにとる力

自分は「ボール遊びをしたい」と思っていたのに、まわりの友だちに「ボール遊びはしたくない」と言われたときも、このこころの脳の出番です。ボール遊びをしたいという気持ちにブレーキをかけ、相手の立場を想像して「ボール遊びではなく、何をしたいの？」と意見を聞き、一緒に遊べる方法を見つけようとする――。これらすべてがこころの脳の働きによるものだからです。こうして人はスムーズにコミュニケーションがとれます。

こころの脳は、10〜15歳にかけてつくられ、18歳前後まで発達し続けます。

実は、こころの脳はおりこうさん脳に知識や情報などの記憶が十分蓄積されてから、それらを前頭葉で統合していくかたちで発達していきます。つまり、おりこうさん脳が発達しなければこころの脳も発達しません。同様に、人間の基本的な動きを支えるからだの脳が育っていなければ、おりこうさん脳もうまく育たないことが研究でわかっています。

だからこそ、**「からだの脳→おりこうさん脳→こころの脳」の順番に、脳の部位を育てていくことが健全な脳の発達には欠かせないのです。**

脳の成長バランスが崩れると「発達障害もどき」に

よりイメージしやすくするため、脳の発達を「家づくり」にたとえてみましょう。家全体を支える1階が、からだの脳です。からだの脳の上に乗る2階はおりこうさん脳。からだの脳とおりこうさん脳をつなぐ階段の役割を果たすのが、こころの脳です。

社会で生きていくために必要な力（相互コミュニケーション力など）、発達障害の人が苦手とする力は、からだの脳の上に建った2階の部分、または階段部分にあります。

そして、次のページのイラストの通り、**土台となるからだの脳ができていないと、おり**

こうさん脳とこころの脳は、しっかりとそこに在ることはできません。

からだの脳が盛んに育つのは5歳までとお伝えしました。この時期は優先して、からだの脳を育てる時期です。しかし、この時期に早期教育などで、おりこうさん脳ばかり刺激すると、土台がうまく育たないことがあります。土台がしっかりしていないと、バランスが崩れやすく、将来何かあったときに家全体が倒れてしまうことも。つまり、からだの脳がしっかり育っていないと、脳全体のバランスが崩れることがあるのです。

脳のバランスが崩れた結果、「落ち着きがない」「集団行動ができない」「ミスや忘れ物が多い」などの行動が出たり、学校生活などがうまくいかなくなることは多々あります。

実は、これらの行動が発達障害で現れる症候によく似ているので、**からだの脳が育っていない子は、「発達障害」と勘違いされてしまうことも往々にしてあるのです。**これこそ、まさに発達障害もどきだといえるでしょう。

このような脳の発達の順番を知ると、低年齢のお子さんへの見方が少し変わってくるのではないでしょうか。

想像力などをつかさどるこころの脳は10歳以降に完成すると、お伝えしましたね。つまり、それ以前の子どもは、この部分が育っていなくて当たり前なのです。5歳、8歳では、程度の差こそあれ「人の気持ちが想像できない」「論理的に考えられない」ことはありません。そのため、10歳以下のお子さんに対して、「すぐに手が出るから」「空気が読めないから」などの言動をピックアップし、「うちの子、発達障害かも……」と思うことは危険です。低年齢のうち（10歳以下）は、脳の完成形にまだ至っていないことを、把握しておいていただけたらと思います。

脳をつくり直すたった1つの方法

ここまでお読みになって、うちは小さい頃からおけいごとをやらせすぎていた、脳のバランスがすでに崩れているかもと思ったとしても、心配はいりません。脳は何歳からでもつくり直せるからです。特に発達が目まぐるしい子どもならすぐに変わります。

では、何をすればいいのでしょうか。

その方法として、行ってほしいのが「生活の改善」です。生活を改善すると、

脳を家に例えると…

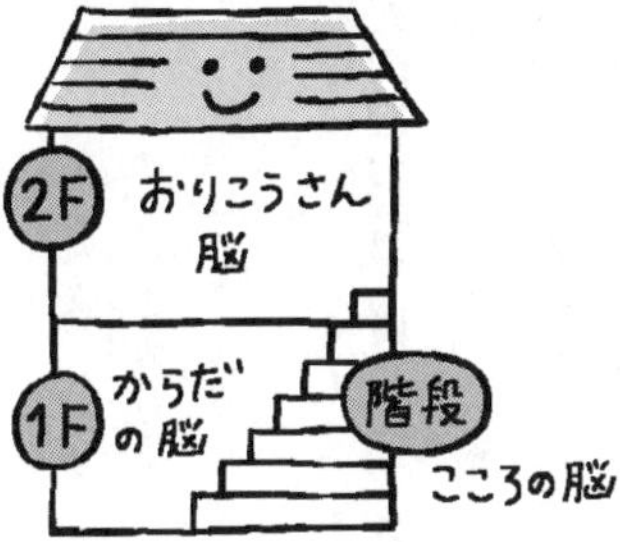

土台（からだの脳）がしっかりしていれば、
家全体が安定する。

土台ができていないと…

バランスが崩れやすく、
何かあったときに家全体が崩れてしまうことも。

① からだの脳の育て直しができ、脳のバランスが整う
② セロトニン神経を育てられる
③ 睡眠が安定する

この3つのよいことが起き、発達障害もどきの子でも言動がみるみる変わっていきます。順を追って説明していきましょう。

① からだの脳の育て直しができ、脳のバランスが整う

からだの脳を育てるのに最も重要なのは、五感からの刺激です。五感とは、味覚、嗅覚、視覚、触覚、聴覚のこと。この五感からの刺激を一番効率よく、たくさん入れられるのが「規則正しい生活のくり返し」。つまり、規則正しい生活に改善することで、脳を育て直すよい刺激を得ることができます。

振り返ってみると、私たちの生活の中には、視覚から嗅覚までさまざまなよい刺激があると思いませんか？

朝だけでも、カーテンを開けて入ってくる朝日（視覚）、料理中の音（聴覚）、朝食を食べること（嗅覚、味覚、視覚）、出かける前の親子のハイタッチ（触覚）など、あげればきりがありません。こうした刺激は多ければ多いほど、からだの脳が発達することもわかっています。

できれば5歳までにこうした刺激を多く脳に入れたいものですが、いくつになっても、よい刺激をもとにからだの脳を育て直すことは可能です。

こういったお話をすると、「でも、生活リズムが狂っていても、刺激はたくさん受けられますよ」と言う方がいるのですが、刺激ならなんでもいいわけではありません。ゲームやスマホのアプリを夜遅くまで行い、「これで視覚や聴覚に刺激を受けた」と思うのは、当然ですが大きな間違いです。

そもそも人間は昼行性の動物です。夜行性動物のように暗い中でも目が見えたり、活動できるようなつくりになっていません。

昼間動いて、夜は眠る動物なのです。**この本来の人としてのリズムの中で得られる刺激が、脳を育てる刺激です。**

こうした人として理にかなった刺激を脳に入れることで、からだの脳の中にある体内時計が正常に動き出し、体内環境を整える重要な物質を必要なときに出せるようになります。

これがからだの脳を育て直すということなのです。

② セロトニン神経を育てられる

「セロトニン」という言葉を聞いたことがありますか？　体と心を安定させ、安心・安全な気持ちをつくり出す「幸せホルモン」とも呼ばれる神経伝達物質です。

セロトニン神経は、からだの脳から、おりこうさん脳を通り、こころの脳まで走っています。そして、すべての脳において大事な働きをしているのです。そのため、セロトニン神経を育てることで、からだの脳も、おりこうさん脳も、こころの脳も、すべての働きがよくなることがわかっています。


〈セロトニン神経の働き〉

- **からだの脳…姿勢、睡眠、呼吸、自律神経など、ほとんどの仕事を行う**
- **おりこうさん脳…記憶や認知に関わる**
- **こころの脳…からだの脳から発せられた不安や恐怖などの情動をなだめ、「安心感」を生む**

セロトニン神経の分布

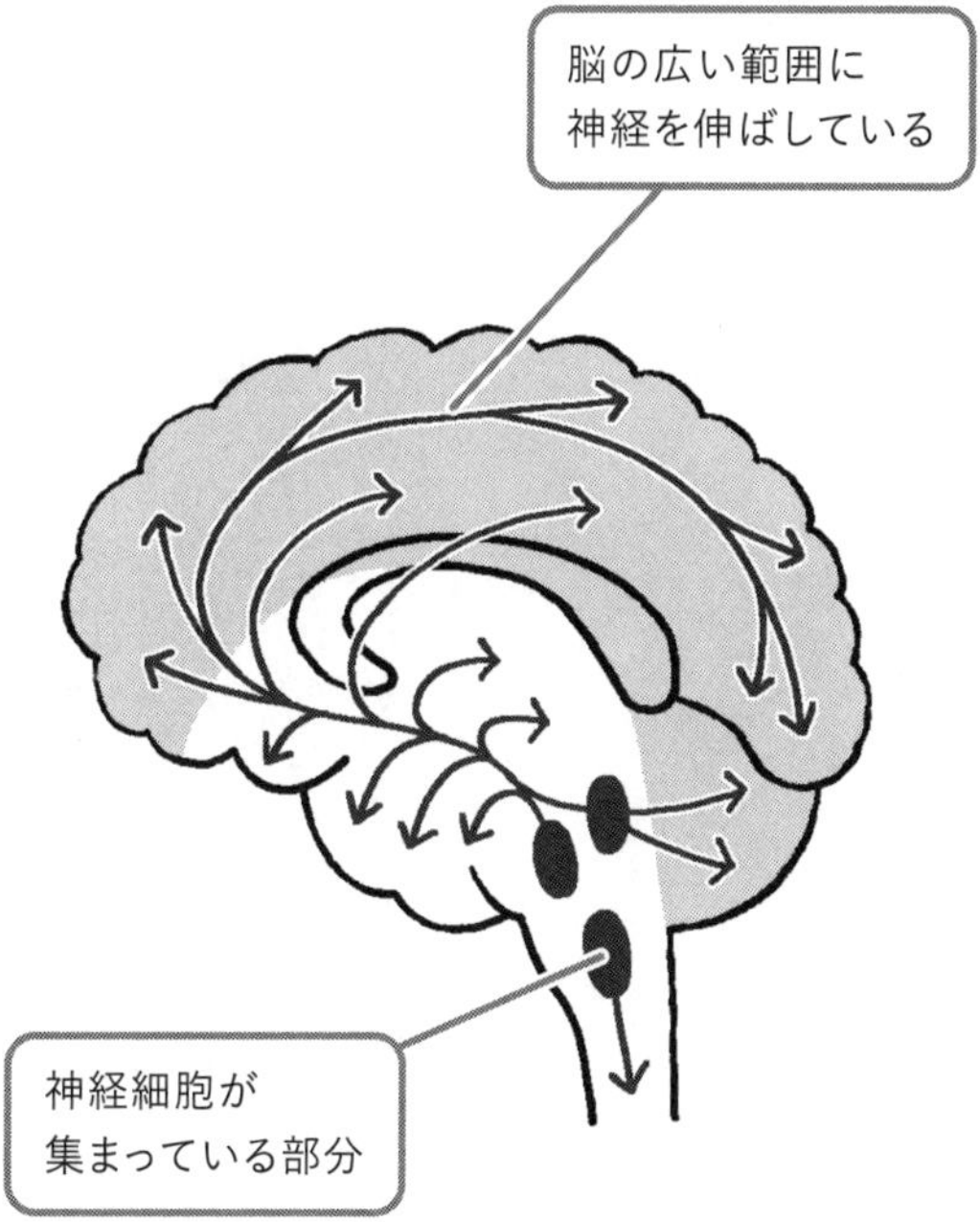

脳の広い範囲に
神経を伸ばしている
神経細胞が
集まっている部分

このセロトニン神経を育てるのに大事なのも、規則正しい生活です。朝には日の光を浴び、夜には部屋を暗くして寝る。こうした生活をすることで、脳内でセロトニン神経のつながりが、たくさんできてきます。セロトニン神経のつながりがしっかりできれば、からだの脳も正常に働き、調子のよい状態でいられますし、困ったことが起きて不安になっても、それを解消する考えを自分で編み出すことができます。

発達障害もどきによくある「姿勢がダラッとしている」「落ち着きがない」なども、改善していくはずです。

③ 睡眠が安定する

生活リズムが改善するということは、すなわち、睡眠がしっかりとれるようになるということでもあります。

実は寝ることは、生きる上で本当に大事なことなのです。「寝る間を惜しんで勉強した」などと聞くとえらい！　と思う人もいるかもしれませんが、私はそうは思いません。寝ることをおろそかにすると、子どもでも大人でも必ず痛い目に遭います。なぜなら、睡眠は命を守るのに必要不可欠な生理現象だからです。

詳しくは第3章で説明しますが、睡眠を変えることで体も心も健康になり、発達障害もどきから抜け出した子は、多くいます。**睡眠不足が子どもの気になる言動を引き起こしているといっても過言ではありません。**

生活改善に欠かせない3つのポイント

生活を改善するのが大事だとわかったけれど、何をすればいいのかわからないという方に向けて、ここで生活リズムを整えるポイントを3つ簡単に、お伝えします。

今の自分の生活を振り返りながら、ぜひ取り入れてみてください。

1. 朝日を浴びる

人の生体リズムをコントロールする体内時計は地球の自転1回分の24時間ではなく、24時間よりも少し長い時間に設定されています。そのズレを調整するためには、朝起きたら太陽の光（刺激）を目から入れて、朝であることを脳に知らせ、体内時計をリセットすることが重要です。こうしないと体内時計が狂ったままになってしまいます。また、朝日を浴びることで、脳内のセロトニン量が増え、セロトニン神経もしっかりつながります。

2. 十分に眠る

詳しくは第3章で説明しますが、質・量ともに高い水準の睡眠をとることで、生活リズムが整います。小学生の場合、22時には熟睡状態になっているのが理想なので、どんなに遅くとも22時前にはベッドに入るようにしましょう。

3. 規則正しい時間に食べる

朝起きて、食欲がないとしたら体内時計が狂い、体が正常に働いていない証拠です。睡眠がしっかりとれていると、朝起きれば自律神経は活発になり、脳が空腹を意識します。

規則正しい時間にしっかりと食事をとることで、からだの脳を刺激できます。特に朝ごはんをしっかり食べると体内時計が刺激され、正しく動きだします。体内時計が動けば朝食を食べた後に便が出るはず。朝の排便がないのであれば、それも昼行性動物としての体内時計が働いていない証拠だといえます。

生活改善3つのポイント

朝日を浴びる

十分に眠る

規則正しい時間に食べる

いかがでしょうか。どれも当たり前のことかもしれませんが、実際にできている人は少ないように思います。人として当たり前の生活をすることが、すなわち、生活リズムを改善することでもあるのです。

子どもにとって、生活以外に大事なものはありません

子どもが小さい頃は特に、規則正しい生活の他に優先させることは何もありません。おけいごとは生活の中で余裕があればやるぐらいでよいのではないでしょうか。

規則正しい生活リズムとは少し違った話になりますが、生活の中には、そこにしかない子どもの学びや育ちの機会があります。

私はアクシスにいらっしゃる親御さんによく「お子さんに役割を与えてくださいね」とお伝えしています。役割は、子どもの年齢にあったできることでいいのですが、その子がやらないと他の家族の生活に支障をきたすようなことがいいでしょう。

たとえば、食後の皿洗い、洗濯物の取り込み、ゴミ出し……なんでも構いません。子どもと話し合って役割を決めたら、ずっとやってもらうことにします。もし、その子がさぼってやらなかったとしても、親は絶対に代わりにやりません。ここは覚悟を決めましょう。

たとえば食器洗いが子どもの役割だったとして、子どもがさぼっていたら、食後の食器は洗われずにずっと放置されるわけですね。親は洗いたくなるでしょうが、我慢してくださ い。こうなると、次の食事の準備ができないから家族は困る。これを肌身で子どもにも感じてもらい、生活をまわしていくこと、とりしきっていくことを少しずつ練習していくのです。これが、**自己コントロール力を育てる訓練**にもなります。

子どもだって、ときには食器を洗いたくない日があるでしょう。でも自分が食器を洗わなければ、自分も含め困る人がいるから、仕方ない、寝る前に食器を洗うか……。このように、自分のやりたいことより、やるべきことを優先させる訓練を日常の中で行うと、自分の気持ちや行動をコントロールするのに必要な力を培えます。

そして、ここで得られるのは自己コントロール力だけではありません。「やりたくない気持ちに打ち勝って食器が洗えた」「食器を洗ったことで家族に感謝された」**そんな「できたという経験」が、子どもの自己肯定感も育てるのです。**

家庭の中で、日々少しずつ培った自己肯定感は、地味に見えるかもしれませんが、ちょっとやそっとのことでは消えず、子どもを生涯強く支えてくれます。

何か困ったことが起きても、「自分なら大丈夫、ちゃんと食べて寝て、小さな頃からやってきたように身の回りを整えて生活して、なんとかやっていける」そう思える力になるのです。

そういった人間としての基礎、そして自分を信じる力を育てるのに絶好の場は「生活の場」以外にないと、私は思います。

子どもが自分でできることが増えれば、子どもは自信を持ち「自分でできることがうれしい」という感覚も身につきます。しかも、親がやらなければいけないことが減ります。

ところが、睡眠時間を削って、自分1人で、もしくは大人だけで、料理や家事を頑張っている親御さんが多いのです。子どもの成長の機会を逃し、自分の睡眠時間も削る……これでは、まったくいいことがありません。子どもに任せるのはダメなことではありません。むしろどんどん任せてみるのが、子どもにとって大事なことなのです。

まず始めるのは「親の生活改善」

子どもの生活を改善するということは、親の生活を改善するということでもあります。なぜなら、子どもの生活は親の生活と密接に関わっているからです。

たとえば、保育園に通っているご家庭では、どうしても「親の保育園への送りの時間」「お迎えの時間」によって、子どもの生活リズムが決まってしまいます。親が残業によってお迎えが遅くなれば、子どもが園から帰る時間も遅くなる。すると、その後の生活も後ろにずれ込みます（こういうときは、睡眠時間を削らないため、できるだけ簡単に食事を済ませて、さっさと寝てしまうのがおすすめです）。

また、子どもは、まわりにいる大人のことを思ったよりもよく観察し、模倣しています。一番身近な大人である親の生活リズムが乱れていれば、「それが普通」と思えてしまうものなのです。親が口では「早く寝なさい」と言っていたとしても、子どもの中には乱れた生活リズムの芽が生まれてしまうでしょう。

仕事や介護など、さまざまな理由で難しいこともあるかと思いますが、できるだけ親の生活リズムも整えるよう意識しましょう。それでも「時間がないからリズムが崩れるのは、仕方ないんです!」「残業しないと仕事がまわりません!」などと思う方もいるかもしれませんね。そこでおすすめしたいのは、**もし今が夜型の生活なのであれば、朝型生活に切り替えることです**。朝から家事や仕事をするほうが頭が覚醒していて意欲もあるのでパフォーマンスも上がります。パフォーマンスが上がれば、家事・仕事などやるべきことが終わる時間が早くなり、生活リズムが整ってきます。

また、家事や仕事だけでなく、自由時間に関しても、朝とるのがよいでしょう。心を落ち着かせ、意欲のもととなる「幸せホルモン」セロトニン分泌のピークは朝の5~7時といわれています。この時間に起きて朝日を浴び、活動できれば、イライラが減り幸せな気持ちで1日を過ごせます。子どもにも家族にも余裕をもって向き合えるでしょう。

まず、**親が率先して生活リズムを整えること**。一家そろって、朝は早く起きて朝日を浴び、家族で食卓を囲むことから始めましょう。

発達障害もどきは、親子のやりとりからも生まれる

お子さんと十分なコミュニケーションはとれていますか？

実は、**親子のコミュニケーション不足が発達障害もどきにつながる**ことは少なくありません。「親子間でコミュニケーション不足が起きる」というと不思議に思われるかもしれませんが、これは実際に起きていることなのです。

読み書きは別として、話し言葉の習得は、大部分が模倣によります。子どもは、まわりの人がどうやって口を動かし、音を出して話しているかを見て、それらを模倣しながら言葉を習得していくのです。もし、親が子どもに話しかける頻度が少なければどうなるでしょうか。

顔を見合わせて話す機会が少なければ少ないほど、子どもが言葉を獲得するのは遅くなります。ちなみに、コロナ禍で皆がマスクをするようになったせいか、子どもの言語や社会性の発達指数の平均が２０２０年に有意に低くなったというデータもあります。

言葉の出が遅いと発達障害が疑われることがありますが、実はそれがコミュニケーション不足によるものだったというケースもあるのです。

事例3 コミュニケーション不足で発達障害に間違われたNちゃん

2歳の女の子・Nちゃんの例です。

2歳になってもまったく言葉が出ず、さらにかなりの偏食があり、保育園では耳をふさいで部屋の隅にいるような状態。お母さんはかなり参った様子で、アクシスに来てくれました。Nちゃんの様子だけ見ると、典型的なASDに思えますが、生育歴を聞くと診断基準には当てはまりません。

よくよくお話を聞くと、今の家には引っ越してきたばかりで近所に知り合いはいないとのこと。父親は忙しいために完全なワンオペ育児だったようです。土・日などの日中、Nちゃんはお母さんと二人きりで過ごしていましたが、お母さんはもともと寡黙な人だったのと、孤独感からふさぎこんでいて、Nちゃんと二人でいるときも、テレビを見せるばかりでほとんど話しかけていなかったとのことでした。

そこで私は、子育て支援センターに親子で行くことを提案しました。すると、半年くらいでNちゃんから言葉が出てASDの症候も治まり、保育園にも元気に通えるようになったというのです。

Nちゃんが落ち着いたのは、実はお母さんが変わったからです。

子育て支援センターで、お母さんは支援員さんや同じくらいの年の子どもを育てる方と会話ができ、ゆったりとした気持ちになれたのでした。そして、自然とお母さんとNちゃんの会話も増え、Nちゃんから言葉が出るようになり、生活態度まで変わっていったのです。

子どもは、お母さんの表情や雰囲気を敏感に読みとります。お母さんが安心した状態で、子どもと笑顔でコミュニケーションをとれれば、子どもも同じように変わることがあるのです。

叱るのをやめるとうまくいく

子育てに悩みがあり、毎日の生活が大変で、さらには他人から子どもの言動について問題を指摘される……。こんな状態ではイライラしたり、不安になったりするのは当たり前ですよね。イライラしているときに、子どもが話を聞いていなかったり、同じ過ちをくり返したりすると、ついきつい言い方で注意してしまうこともあるでしょう。でも、子どもをきつい口調で叱ってもいいことはありません。

子どもは叱られると不安と攻撃性が増します。こうなると活動のパフォーマンスが下がり、何に対しても成果が出にくくなります。また、**不安と攻撃性から出た行動（落ち着かない、すぐにキレる、友だちとうまくコミュニケーションがとれないなど）から「発達障害」と間違われることもあります。**

不必要に叱るのは無意味なことが多いのです。親の言うことを聞かない、反抗するということに対しては叱ってもほぼなおりません。叱られると反発が強くなるだけでしょう。人としてぜったいに譲れないところ、人を傷つけることや人の物を盗むこと、命の危険を冒すこと、社会のルールに反することなどはきちんと叱らなくてはなりませんが、それ以外のことはなるべく叱らないようにしてみましょう。

そうはいっても叱らないようにするのは、なかなか難しい……。そんな方にぜひ試してほしい話し方をご紹介します。

たとえば、部屋を片づけない子どもに対して、「片づけなさい！」とどなるのではなく、こう話すのはどうでしょうか。

「○○君は部屋が汚れていても平気なんだ。お母さんはきれいなほうが落ち着くんだけどな。片づいていないと物を探すことも大変じゃない？」などと本人を否定せずに言ってみるのです。すると、「そうなんだよね、ぼくもそこはよくないなと思っているんだけど……」など、意外に冷静な答えが返ってくることは少なくありません。そうしたら、「じゃあ一緒に部屋を整理してみる？　整理の仕方を教えてあげるよ」と伝えてみましょう。きっと子どもは喜んで一緒に部屋を片づけるはずです。

話すときのポイントは、**子ども自身を否定することなく、行動の変化を促すこと**。一気にうまくいかなくても、続けることで子どもは変わっていきます。

また、親の睡眠時間が足りないと、イライラが増して子どもに対してきつい物言いになってしまうこともあります。イライラしやすくなってきたら、それは体からの睡眠不足のサインかもしれません。そういった意味でも、親が睡眠時間を確保することは大事なのです。

子どもの薬——どうつき合っていくべきか

章の最後に、発達障害もどきに関する話をするとき避けては通れない「薬」について、どうつき合うのがベストか、私の考えをまとめていきます。

発達障害が疑われて医療機関につながると、医療機関によっては診断がついてすぐに薬物治療が開始されることがあります。

ただ、薬を飲めばすべて解決する発達障害はありません。また、発達障害の症候すべてを解消するような薬もありません。薬を飲めば解決すると思われている方がいるとしたら、そこは考えを改めたほうがよいでしょう。**薬はあくまでも、どうしても足りない部分を補い、自前の脳の成長を助けるために使うものなのです。**

たとえば、発達障害の診断がつく子の中には、生まれつきの脳の設計上、睡眠がうまくとれない子もいます。こういう場合は、よく眠れるようになる薬を最低限の量で使って、睡眠がとれるようにすると、生活リズムが整い、本人もまわりもずっとラクになります。

発達障害に対しては、鎮静作用があるもの、刺激を与えて脳を活性化させるもの、睡眠を促すもの、さまざまな薬剤が使われていますが、そのすべてが根本的な改善のためのものではなく、対症療法的な選択です。一時的に症候を抑えるために使っているものにすぎません。また、からだの脳がしっかり育っていなければ、薬が効かないこともあります。

なので、薬を使うという選択をしたとしても、ここまでお伝えしてきたような生活改善（自前の脳を育てるという試み）は忘れずに行ってほしいのです。

脳には可塑性があるので、今はネットワークがない箇所も、刺激し続けることでつながりネットワークができることがあります。薬を使う場合も、自前の脳を育てながら服用し、脳が育って薬が必要なくなれば「卒業する」という使い方がベストです。

自前の脳を育てることで、薬から卒業できたＫ君の例を紹介しましょう。

事例４　薬をやめながら、発達障害の症候を改善したＫ君

小４の男の子・Ｋ君の例です。

アクシスに来た時点で、Ｋ君は別の医療機関から処方されたたくさんの薬を飲んでいま

した。薬のせいでもうろうとし、ふらふらしているような状態だったのです。アクシスに来たきっかけは、学校で友だちを殴ってしまったことでした。

お母さんは、「薬を飲んでもちっとも暴力沙汰が収まらない。もっと薬を増やすのがよいのか」とかなり憔悴《しょうすい》していました。K君は当時まだ小学4年生でしたが、薬を飲み始めてから、すっかり人格が変わってしまったといいます。私が会ったときは、どろんとした目をして、生気がなかったのですが、学校で何か注意されたりすると、逆ギレ状態で怒りだし、暴力をふるうというのです。

私はお母さんと話して、私の勧める医療機関に転院してもらった上で、アクシスで一緒に脳育てに取り組んでいただくことにしました。

3〜4カ月かけて、先にも書いたような生活改善をしながら、飲んでいた薬を少しずつ減量中止していきました。すべての服薬を中止したK君には、いきいきした子どもらしさが戻りました。しかし、暴力は出なくなったものの、落ち着きのなさと衝動性、学校での立ち歩きなどはまだ残っていたのです。

薬が抜けたところで、改めて睡眠改善に取り組みました。ここではあえて「眠れるようになる薬」を使うことも選択肢にあげました。なぜなら、K君はそれまでも早い時間に布団に入り、毎晩10時間布団の中にいたのにもかかわらず、朝に起きることができなかったからです。睡眠計を使ってＫ君の睡眠状態を調べてみたところ、深い睡眠がとれず、睡眠の質が悪いことがわかりました。そこでその結果をもとに、Ｋ君とじっくり話し合いをしたのです。

「睡眠計で測った結果、Ｋ君は睡眠が浅いことがわかったよ。よく眠れるようになる薬を飲んで眠れたら、脳がクリアになったり、いろんなことができるようになったりするかもしれないけど、どうする？　効果があったら、睡眠の質がよくなるかもしれない。今回は一剤だけから始めるつもり。Ｋ君の調子が悪くなったらすぐやめようと思っているよ」

と、服用してもらいたい薬とその効果、副作用に関してもていねいに説明しました。

話し合いの結果、Ｋ君は、薬を飲んでみることを決意。そして、その薬を使いながら、生活改善も行っていったのです。

私が処方した薬をはじめて飲んだ日の翌朝、Ｋ君は自分から起きてきて「お母さん、ぼく、生まれてはじめて本当に眠った」とニコニコしながら報告してきたと、Ｋ君の親御さんから聞きました。

実は前の医療機関でも同じ薬を処方されていたのですが、そのときは他にもさまざまな薬が同時に処方されていたせいで、うまく効かなかったのかもしれません。

K君はその後1年かけて、自然に早起きができ、落ち着きがあり、友だちとのトラブルもない子に変わっていきました。本人と話しても「困っていること」はほぼないといいます。

今では、睡眠の薬も使わずにしっかり眠ることができるようになっています。

何より大事なのは本人の「同意と理解」

ADHDと診断されたお子さんには、メチルフェニデート（商品名：コンサータ）が処方されることがあります。メチルフェニデートは、前頭葉に働きかけ、そこを活性化する刺激剤です。飲むことで集中力が上がったり、落ち着いて物事に取り組めるようになります。しかし、小学校低学年までの子どもに対しては、このような前頭葉に働きかける薬はなるべく使わないのがベストだと私は思っています。

ここまでお話ししたように、前頭葉は10～18歳につくられるものです。

たとえば7～8歳であれば、まだ前頭葉は成長がしっかり始まってもいないような状態。

その状態に前頭葉を刺激する薬を入れて、子どもの脳の育ちにどう影響するかはまだまだ未知数だからです。

本当に投薬が必要だと思った場合、私は薬の効能と副作用などすべてを子どもに話し、本人の同意を得た上で、処方します。本人が納得しなければ、たとえ家族などまわりの方が希望しても、安易に薬は出しません。

また、薬の効きは人によって異なるので、特に投与初期は、服薬後の自分の体と脳の変化をノートに記録して診察・相談時に持ってきてくれるように子どもたちにお願いしています。

調子はよくなったか、悪くなったか、胃腸の不快感など副作用はなかったかなど、自分と向き合って本人がしっかり考え、薬が合うのであれば続けよう、なくても大丈夫になったら卒業しようというスタンスで、薬を使うことが大事だと考えています。

まずは、生活改善。どうしても足りないときは薬の服用。こうして、薬とうまくつき合えるとよいでしょう。

第3章

睡眠が子どもの脳を変える

睡眠を変えて「気になる行動が消えた子」がたくさんいる

第2章までで、脳の発達の仕組みや発達障害もどきとはどういうことか、また、その症候を改善するために必要なことなどをお伝えしました。

この章では、発達障害もどきを改善するのに欠かせない睡眠について、質の上げ方、なかなか寝つけないときはどうしたらよいかなど、子どもを中心に家族全員が良質な睡眠をとれるようになる方法をお伝えしたいと思います。

まずは、睡眠がどれほど大切かを理解していただくために、私のもとに相談にみえた親子の例を2つ、お伝えしましょう。

事例5　偏食がなくなり、食べられるようになったOちゃん

どうしても食事ができないという3歳の女の子・Oちゃんのお母さんが相談にみえました。Oちゃんは偏食がひどく、食卓に座らせてもほぼ何も食べません。何を言っても、何

をしても食べない様子を見ていると、お母さんも次第にイライラしてしまうそうです。そんなお母さんの気持ちが伝わるのか、Oちゃんは余計に食べることに集中できない様子だといいます。

第2章で説明した通り、食べる機能もからだの脳の働きです。からだの脳が順調に育っていれば、1歳くらいまでには「お腹がすいたなぁ」「何か食べたい」「お腹いっぱいだから食べるのをやめよう」と、脳が感じ取って指令を出すことができます。でもOちゃんの脳ではこの働きができていないようでした。

お母さんにOちゃんの生活について聞いてみると、物心ついてから午前0時より前に寝たことがほぼないというではありませんか。

毎晩21時から寝かしつけを始めるのですが、布団にいってもOちゃんが起き出し、遊んでしまって眠らない。22時頃になり少しうとうとし始めたかなと思ったところで、お父さんが帰ってきてしまうのだそうです。すると、喜んでお父さんのところに行き、お父さんと遊んでしまう……。結局、やっと午前0時を過ぎた頃に寝つくので、翌朝は当然起きられません。昼まで寝ていることもあるといいます。やっと昼頃に起きてきたOちゃんにご飯を食べさせようとしてもまったく食べず、しばらくしてから自分の食べたいものを少しだけ食べる生活が続いているとのことでした。

ここまで読んだら、皆さんもおわかりになると思いますが、Oちゃんの生活は明らかにからだの脳が育つものではありません。その証拠に、生まれてから一度も「お腹がすいた」と口にしたことがないといいます。脳のバランスがすでに大きく崩れているのです。私は、お母さんにそのことを説明し、まずは早起きから始めてもらいました。Oちゃんを起こすときは、Oちゃんが楽しめることをするのを提案。大好きな音楽を大きな音でかけたり、少し目が開いたらお風呂場に抱っこしていき、朝から一緒に水遊びをしてみたり……。手を変え、品を変え工夫をして、Oちゃんは、朝7時に起きられるようになりました。

お昼寝も短く済ませるようにしてもらったところ、たった1週間で21時には自分から眠るという生活に変わったそうです。

睡眠が変わるとOちゃんの日常生活には、さまざまな変化が出てきました。「お腹がすいた」と言って自分からご飯をねだるようになり、今では1日3回のご飯が規則正しく食べられるようになったそうです。これまでは絶対に食べなかったものも食べるようになり、好きな食べ物までできたのです。

Oちゃんは、21時に寝たら朝までぐっすり眠るので、お父さんが帰ってきても、もう目を覚ましません。おかげで、夫婦で向き合って話をする時間も増え、夫婦仲もよくなったと感謝していただけました。

Oちゃんの事例はただの偶然ではありません。**特に2〜3歳の時期には、子どもの睡眠リズムが変われば昼間の様子も驚くほど変わることが多々あるのです。**

事例6　かんしゃく・パニックが消えた双子

次は、3歳の双子の例です。ご両親は共働きで忙しく、頼れる親戚も近くにいなかったこともあり、育児はお父さんとお母さんの二人で行っていたそうです。

登園前と寝かしつけの時間が大変で、これは発達障害ではないか……ということで相談に来られました。まず、双子ともに、朝なかなか起きられない。無理やり起こしてパジャマから洋服に着替えさせようとすると、二人そろって尋常ではない泣き方・暴れ方をするのだそうです。着替えができないほどに暴れ、嗚咽がとまらないほどに泣き続けることもあり、その様子がASDのパニックのように思えるとのこと。園への行き渋りも見られ、時間がなくてどうしようもないときは、着替えさせずにパジャマのままで園にかつぎこむこともあったそうです。寝かしつけも毎日1時間以上かかり、21時に布団に入ったのに23時まで寝ないで遊んでいるというのも珍しくないとのことでした。親御さんは双子の世話と仕事の両立に心身ともに疲れ果てている様子だったのです。

そこで私が提案したのも、早起きです。お子さんを6時30分には必ず起こしてもらうようにしました。子どもたちが好きな番組を流して、楽しい気分で二人を起こし、二人が起きたらそのままベランダに出て朝日を浴びる。これをくり返してもらったところ、なんと3日程度で、朝の着替え時に泣きわめくことがなくなりました。ASDのパニックのようだった暴れ方がウソのように、ニコニコと笑顔で着替えができるようになり、寝るときも21時を過ぎたら、自分から寝るようになったとのことでした。

早起きをするだけで、朝のパニックも、寝ない状況も一変したのです。

今では早起きが板につき、朝の着替えでパニックになることも、園への行き渋りも、まったくなくなったそうです。

日本人は、大人も子どもも睡眠不足だった

睡眠を変えるだけで、子どもの様子がガラリと変わることをわかっていただけたことと思います。睡眠にこんな効果があるとは知らなかったという方も多いでしょう。

子どもにとっていかに睡眠が大事かを説明するために、まずは基礎的な知識についてお話しさせてください。

そもそも、ちゃんと生きていくためにはどのくらい眠ればよいのか、ご存じでしょうか。アクシスにいらっしゃる親御さんと話すと、とりあえず子どもは21～22時頃までに寝かせておけばよいと思っている方が多いように見受けられますが、それは違います。睡眠時間は実は年齢によって決まっているのです。

世界の小児科医が最も利用している小児科医の教科書『ネルソン小児科学』に掲載されている年齢別の睡眠時間は、１０９ページの図の通りです。

たとえば、ネルソンの教科書によると、小学生の理想の睡眠時間は約10時間ですが、現在10時間眠れている子はほとんどいません。日本全国の小学生の平日の平均睡眠時間は約8時間。10時間よりも2時間も短くなっています。厚生労働省が行った調査によると、日本人の大人の1日の平均睡眠時間は、男性も女性も6～7時間が最も多く、次に多いのが5～6時間でした。ネルソンの教科書によると18歳で必要な睡眠時間は8時間15分ですので、日本人の多くは子どもも大人も必要な睡眠時間に対して、約1～3時間も少ないのです。

海外の統計を見ると欧米人の睡眠時間は平均して8時間くらい。欧米人と比較するとアジア人の睡眠時間は短いという結果も出ています。

大人でも最低7時間以上眠らないと、脳は正常な機能を保てません。発達や年齢に応じて、脳を育てる、または正常に働かせるために必要な睡眠時間は決まっています。**発達途中の子どもであれば睡眠時間の確保は、脳にとって他のことでは替えがきかないような非常に重要なこと**なのです。

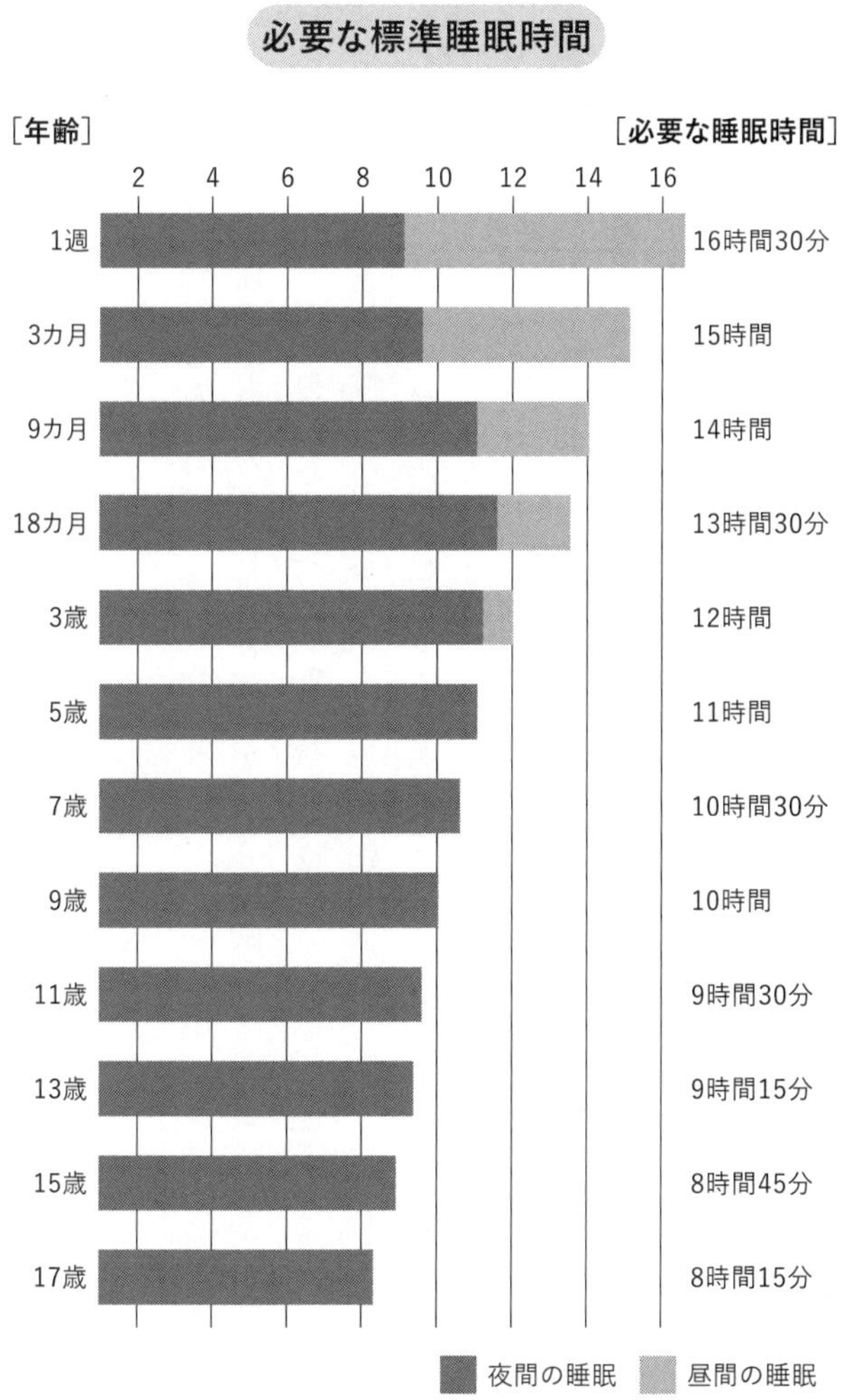

（出典）Nelson;Textbook of Pediatrics,19th ed,2011 より著者改変

睡眠にも種類があります

睡眠には2つの種類があります。

聞いたことがある方もいるかもしれませんが、レム睡眠とノンレム睡眠というものです。正常な睡眠では、眠る段階に入ってから30分ほどでノンレム睡眠が始まります。

ノンレム睡眠とは、脳の深い部分が休んでいる状態です。眠ってすぐに最も深い眠りのレベルになり、ノンレム睡眠の後にはレム睡眠となります。レム睡眠とは覚醒に近い状態での睡眠で、起きているわけではないのですが、起きているときと同様、脳が活発に活動していています。夢もレム睡眠中に見るといわれています。

このレム睡眠が1時間ほど続き、それが終わると再びノンレム睡眠（30分程度）になります。そして、眠りの後半になると浅い睡眠に移行するのです。ノンレム睡眠（30分）とレム睡眠（1時間）を4~5回くり返すと充実した睡眠になります。

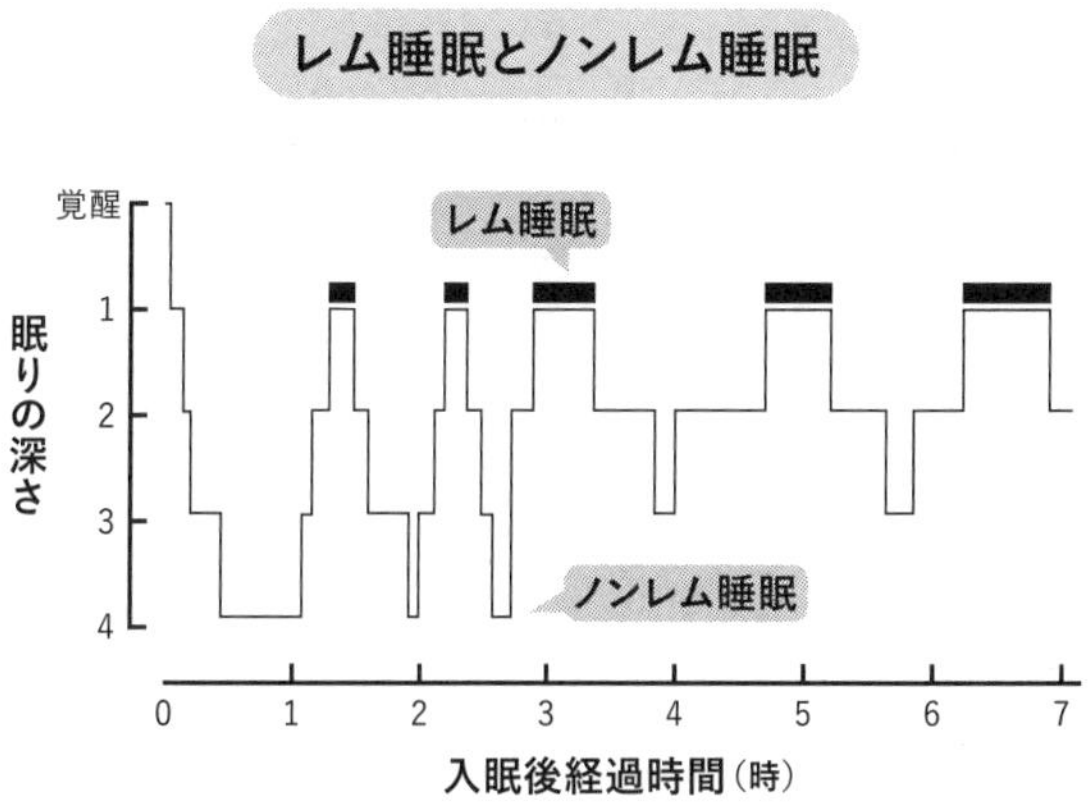

（出典）Dement&Kleitman.1957より作図

そもそも、なぜ寝ないといけないのか

睡眠中、私たちの体の中ではさまざまなことが起きています。これらは起きている間には決してできないので、眠ることが欠かせません。

レム睡眠時に起きていること

●記憶の整理と固定

その日に起きた出来事・知識・経験を、脳内で整理し蓄積しています。記憶の取捨選択をし、嫌な記憶を思い出しにくい深いところにしまうのもレム睡眠時だからできることです。翌日のために脳をすっきりと整理された状態に整える。いわば、脳のリセットをしているような状態です。

ノンレム睡眠時に起きていること

●脳と肉体の疲労回復

脳や体を休め、蓄積した疲労を解消しています。これはいわば、脳のリセットに対して、体のリセットをしているような状態です。

●成長ホルモンの分泌

骨や筋肉をつくり、身長を伸ばす成長ホルモンが大量に分泌されています。

子どもの成長に必要な物質である成長ホルモンは、特に入眠2時間後に大量に分泌されます。成長ホルモンがたくさん分泌されれば、集中力・記憶力・知能も発達します。

また、成長ホルモンというと、体の発達を促す働きしかしないように思いがちですが、そんなことはありません。成長ホルモンが分泌されることで免疫力が高くなり、怪我や病気に負けない体をつくることができます。

さらにそのホルモンには細胞を修復する役目があり、がんなどの発症を予防する働きもあるのです。成長ホルモンがしっかり分泌されていれば、肥満になりにくい体にもなります。

●セロトニンの分泌

朝に比べて量は劣りますが、ノンレム睡眠時にはセロトニンが分泌されます。セロトニンが分泌されると、気持ちが安定し、すっきりとした精神状態で翌朝を迎えられます。睡眠は心のリカバリーにも役立ちます。

睡眠不足が「発達障害もどき」を引き起こす

睡眠中に体の中で起きていることを見る中で気づいた方もいるかもしれませんが、質の高い睡眠が十分にとれなければ、発達障害に似た症候が見られることは多々あります。

・成長ホルモンの分泌が十分でないために、発育が遅れる
・セロトニンが分泌されず、また、セロトニン神経系が育たないために、イライラしたり

キレやすくなったり、落ち着きがなくなる
・脳も体もリセットされていないため、疲労感が抜けず朝から机につっぷしていたり、授業に集中できない

どれも睡眠不足からきているものなのですが、一見すると発達障害の症候に見えてしまい、園や学校の先生から「気になるな」と思われることは多々あります。

特に、子どものイライラやキレやすさは、「性格のせい？」と勘違いされてしまうこともあるため、注意が必要です。

子どもがちょっとしたことで怒りやすい、またはコミュニケーションについて悩みがあるのなら、まずは睡眠を見直してみましょう。

十分に睡眠がとれている子は、セロトニンの働きで、不安やイライラがありません。とても落ち着いて穏やかな心を保てるので、朝起きて、ご飯をしっかり食べて元気に学校へ行き、お友だちと楽しく遊べます。

授業もしっかり聞くことができ、成績も安定していることが多いようです。すべて十分な睡眠、そしてからだの脳が育っている結果です。

「早く寝る」より「早く起きる」が大事な理由

睡眠の重要性について、十分理解いただけたところで、ここからはどうすればよい睡眠がとれるのかをお伝えしましょう。

まず試してほしいのが、早起きです。睡眠が大事というと早めに寝かせることから始める方がいますが、実はこれではうまくいかないことが多いのです。早起きから始めると、寝る時刻は自然と早くなります。

特に、現在幼児のお子さんの寝つきが悪くて困っているという場合は、**まず1週間お子さんを毎朝7時より前に起こすことから始めてみましょう。**

起きないからとあきらめないこと。大好きなおもちゃやビデオなどを使って、楽しく起こしてみるのがおすすめです。また、お昼寝は1時間未満にし、夕方は絶対に寝かせないようにしてください。早めに夕食を食べさせてお風呂に入れれば通常は、午後8時頃には眠くなってくるものです。

2〜3歳の幼児の場合は、この方法を実行してほぼ1週間経てば、正しい睡眠リズムがつくはずです。

保育園との取り組みでわかった驚きの効果

私は保育園などでたまに講演を行うこともあるのですが、睡眠に関する話に感銘を受けた保育士さんから、親御さんと一緒に睡眠改善の取り組みをしてみたいので、協力してほしいというお話をいただいたことがありました。

そこで、1週間限定で睡眠・生活改善のチャレンジをしたことがあります。園と家庭で連携して、睡眠時間と生活リズムの改善を行ってもらったのです。

園ではお昼寝の時間を短くし、家庭では早起きだけを努力してもらう。それで子どもにどんな変化が出たか、トータルでどれだけ眠れるようになったかを記録していきました。

すると取り組みの3日目あたりから全体的な変化が出てきました。まず出てきたのが「寝つくまでの時間がすごく短くなった」というもの。これまで寝かしつけに1時間以上かかっていたのに、10分程度で眠れるようになった子もいるのです。子どもが寝るのが早くなったおかげで親の自由時間が1時間以上増えてありがたいという感想もありました。

また、「寝起きがよくなった」という意見も多くありました。これまでは朝が不機嫌で登園準備もままならなかったのが、自分で洋服を選ぶなどの用意ができるようになり、朝の準備が劇的にスムーズになったそうです。

親御さんからの感想は睡眠に関するものだけに、とどまりませんでした。**「きょうだいげんかが減った」「集中して遊べるようになった」「暴言を吐いたり、友だちを叩いたりすることがなくなった」など、生活面での変化も出てきた**のです。

1週間早く起きるだけで、子どもはこんなに変わるのです。大事なのは、早く寝ることではなく早く起きること。早く起きることが成功すれば、自然と早く寝られるようになるでしょう。

寝かしつけもスムーズになる！　朝型生活のすすめ

第2章と重なるところが少しありますが、実は、子どもの睡眠の質と量を上げるには、親の睡眠を改善するのが近道です。子どもと親の生活は切り離せません。密接に関わっているからこそ、家族全員で生活リズムを変え、睡眠時間を確保できるのが理想ですね。

寝る直前まで家の中でテレビが大音量でついていると、当然子どもの寝つきは悪くなります。光や音によって脳が覚醒し、就寝モードになれないからです。できれば早めにテレビを消し、照明も落として、家全体で寝る準備ができれば、子どもの脳もよりスムーズに「就寝モード」に入れるでしょう。

また、寝かしつけをスムーズにする上でも、親が朝型生活に変えてしまうのがベストです。たとえば寝かしつけのときに、子どもの隣に寝ている母親が「子どもを寝かせたら、食器を片づけて、仕事もちょっとやって……ああ、もう、時間がないから、早く寝かしつけないと」と、心の中で意気込んでいると、それが母親の体に出ます。体が緊張してかたくなり、それが隣にいる子どもにも伝わるのです。こうなると、子どもは不安で余計眠れなくなります。

いつまでも子どもが寝てくれないと、親は「早く早く」「やることあるのに……!」と、余計にイライラし、怒りの気持ちが湧いてくるでしょう。そうすると、交感神経が優位になり、体は余計緊張します。そんな母親のそばにいると、子どもは、危険だから寝てはいけないと緊張し、目がさえてしまうのです。こうなると、寝つきが悪くなる負の連鎖にハマりこんでしまいます。この負のスパイラルにハマらないためにも、親も子どもと一緒に寝てしまい、翌朝少し早く起きて家事や仕事を片づけるのがよいでしょう。

寝ると決めてしまえば、体はリラックスし、そのやわらかな体に触れている子どもも安心して早く眠ることができます。

また、第2章のところでもお話ししましたが、朝早く起きて用事を片づけるほうが絶対的に効率がよくパフォーマンスも上がります。大人であっても、睡眠が命を守るために大事なものであることに変わりはありません。次のページから「睡眠をとるために大事なこと」をお伝えしますので、お子さんと一緒にぜひ試してみてください。

よい睡眠をとるために本当に大事なこと

ここからは、親子でよい睡眠をとるために特に大事なことをお伝えしていきます。今なかなかうまく眠れない方がいるようでしたら、早起きと合わせて気になるものから試してみてください。お子さんと一緒にやってみるのもよいでしょう。

●自分に合ったリラックス法を見つける

眠る前には、意識的にリラックスタイムをとりましょう。体も心もほぐれれば、「就寝モード」になれます。ヨガ、ストレッチなどの軽い運動で筋肉の緊張をほぐしたり、マインドフルネス瞑想を行ったり……。自分が「心地よい」「落ち着く」と思える方法を見つけられるといいですね。

寝室に観葉植物を取り入れる、照明をより落ち着くものに替える、遮光カーテンにするなど、寝室の環境を整えるのもよいでしょう。合う方法は人によって異なります。これならできるかなと思うものを試してみて、自分に合っていれば続けてみてください。

親がよく眠るようになれば、子どもの睡眠も必ず改善します。

●寝る少し前から照明を落とす

自然界では、夕方から夜になると目に入る光の量が少なくなります。そうすると脳の中にある松果体という器官からメラトニンが分泌されます。メラトニンが出ることで、私たちは眠気を感じることができるのです。

ご存じの方もいるかもしれませんが、テレビやスマホ、パソコンなどから出る強い光を受けると、メラトニンの分泌量は減ってしまいます。これらの画面に使われている照明「LED」は、脳を覚醒させる光「ブルーライト」を発していて、脳内のメラトニン分泌を抑制してしまうからです。そのため、脳が朝だと勘違いし、起きなければと思ってしまいます。眠る前にスマホやパソコンの光を目に入れるのはよくないので、夜はそれらをなるべく触らないほうがよいでしょう。特に寝る1時間前にはこれらの光は目に入れないことです。

部屋の明かりを落とし、だんだん光の量を減らしていくと、寝つきがよくなります。

●お風呂は夕食前に

人は、寝る前に体温が下がり、自律神経における副交感神経（夜間やリラックス時に活発に働く神経）の働きが優位になると眠くなります。

寝る直前に体を温めすぎると交感神経が活発になり、眠れなくなるので、お風呂や激しい運動・遊びなどは、眠る前は避けましょう。夕食前に入浴しておくと、寝る頃には副交感神経が優位になるのでおすすめです。

また、朝の入浴は交感神経が活性化し、目覚めがよくなるのでぜひ試してみてください。シャワーだけでなく、湯船につかると効果が上がります。

●夕食ではタンパク質をとる

睡眠前に摂取したいのがトリプトファンです。アミノ酸の一種でセロトニンやメラトニンの原料でもあるので、睡眠の質を高める効果があります。

トリプトファンはタンパク質に含まれているので、寝る前には肉や牛乳などを意識してとりましょう。ただ、あまり油分が多いものや大量の肉類や糖質は消化に負担がかかるので避けてください。食べたものが消化されてから十二指腸に移動するまでには40分～1時間くらいはかかります。食べてから1時間くらいの間に横になると、圧迫感が生じて寝つきが悪くなるので、夕食は就寝時刻の2時間前までに終わらせるのが理想です。

●【子ども向け】「昼寝は3歳まで」が基本

子どもに昼寝はさせたほうがいいのか、させなくても問題ないのか……悩ましいテーマですね。ネルソンの教科書などでは、昼寝は3歳で多くて1時間程度、4歳を過ぎると必要なくなるといわれています。

4歳頃になると、昼行性動物としての体内リズムが完成していることが多く、睡眠を十分な時間連続してとれるようになるからです。

ただ、発達には個人差がありますから、焦らずに（焦るとイライラして体が緊張し、子どもが余計眠れなくなることは前にも書きました）、少しずつ夜の連続睡眠時間を延ばしていきましょう。昼寝が必要な場合は、夜眠れなくなるのを防ぐために、夕方4時台に昼寝の時間がかからないように注意してください。

ショートスリーパーは、ほとんど存在しない

たまに「私は（私の子どもは）ショートスリーパーなので、3時間睡眠で大丈夫なんです」という方がいますが、それはありえないとはっきりといえます。

フランスの革命家であるナポレオンは3時間しか寝ていなかった、といわれていますが、

これでパフォーマンスを上げることは理論的にはありえません。なぜかというと、睡眠の中で、ノンレム睡眠とレム睡眠のサイクル（合わせて90分）を4回くり返さないと、人は正常な機能を保てないことがさまざまな研究から、わかっているからです。90分を4回くり返すと、6時間。なので最低でも6時間は睡眠が必要です。

確かに世の中には、効率的に上手に睡眠をとれる脳を持っている人もいますが、そんな人でもノンレム睡眠とレム睡眠のサイクルはどんなに短くても60分必要です。60分を4回くり返すので、4時間。なので、本当に睡眠が上手な人であれば4時間の睡眠で足りるのかもしれませんが、こういう人は本当に稀だと思ってください。

生活改善の努力を重ねても、お子さんがどうしても寝られない、寝ても早く起きてしまう場合は、ショートスリーパーではなく、もしかすると本当の**発達障害の可能性も考えられます**。そういった場合は、単に寝るための脳の設計が少し人と違っているだけで、睡眠時間は他の子と同じくらい必要なので、どうしたら眠れるかを考えたり、医療が必要な場合もあります。

睡眠は、ときに起きている時間以上に大事なものだと認識していただけたら、それだけで毎日が、より前向きなものに変わっていくでしょう。

第4章

親と先生のスムーズな連携が、子どもを伸ばす

大人たちの「スムーズな連携」が必要

ここまで読んでいただき、発達障害もどきについて、より深く知っていただけたことと思います。

ここからは、少し視点を変え、発達障害もどきのお子さんを育てる親御さんと「発達障害かも?」と思われる子がクラスにいる保育園・幼稚園、小学校の先生、それぞれに向けてケース別にお話をしていきましょう。

ひとりの子どもを育てるためには、学校・園と家庭のスムーズな連携が欠かせません。

そのためには、子どもを預ける側(親・家庭)は「学校や園とどうつき合っていけばいいのか」の心構えを知っておくとよいですし、子どもを預けられる側(保育園・幼稚園、小学校の先生)は、「クラスにいる〝少し気になる子〟の伸ばし方」「親御さんとの向き合い方」を知っておくとよいと思います。

「子どもを預ける側」と「預けられる側」が、互いに安心して協力しあえるようになると、子どもはみるみる変わっていきます。ここでお伝えすることが、そんな関係づくりのヒントになれば幸いです。

親向け
「お子さんは発達障害では？」と言われたとき、どうするか

まず、個人面談などの場で、「お子さんは発達障害の可能性があります」と学校や園の先生に言われたときに、どう対処したらよいかお話ししていきます。

私は、医療機関やアクシスで発達障害などの方を診る他に、地域の園や学校で理事やアドバイザー的な仕事もしています。そのため、教育現場に関する相談を先生方や教育に携わる方から受けることがあるのです。また、大学では特別支援教育を志す学生を教えていることもあり、学校教育に関する知識も少なからずあります。

こういったところから、学校や園の先生とのつき合い方について、私がよいと思う対応法をお伝えしたいと思います。

1．冷静に受け止める

園の先生、学校の先生から「あなたのお子さんは発達障害の可能性があります」と言わ

れたら、親御さんがビックリしたり、不安になったりするのは当然かもしれません。

でも、いくら不安になったとはいえ、先生の言葉を即座に否定したり、言い返したりするのはやめましょう。このようなときは、とにかく冷静に、最後まで先生の話を聞くことをおすすめします。

また、先生から指摘を受けることで、パニックになる親御さんも多いのですが、パニックになることはありません。「先生から怒られちゃったじゃない、あなたのせいよ」と、子どもを叱ったり、子どもを変えようといろいろなルールを押しつけたり、問いただしたりする必要もありません。とにかく、まずはゆったりと構えて最後まで先生の話を聞いてみてください。

園や学校の先生は、あなたの知らない子どもの姿を毎日見ています。個人面談は「学校と家庭、それぞれにおける子どもの情報を共有する大切な場」。限られた時間の中で、教師の立場から「気になっていること」を伝えてくれているのです。

人によっては言い方がきつい先生もいるかもしれません。ただ、その言い回しに左右されるのはもったいない。先生たちは決してその子を罵倒したり、否定したりしたいわけではありません。子どもの問題を一緒に考え、子どもによくなってほしいから勇気をもって伝えているのです。それらを踏まえて、敬意をもって先生の言葉を受け止められるといいですね。

子どもは小さいながらも家と集団生活の場で行動を分けています。園や学校では、家の中の子どもとは違う行動をしていることも多々あるのです。

たとえば、私の診ているお子さんで、おうちでは大変聞き分けのよい「いわゆるいい子」である小学校2年生の男の子がいました。お母さんは学校での様子を毎日その子から聞いていて、「ぼくはみんなと仲良くしている。クラスに暴れん坊がいるけれど、ぼくがその子を止めているんだ」と言われていたので、安心していたのです。

しかし、突然先生から学校に呼ばれて、お子さんは発達障害かもしれませんと言われました。お母さんは驚いてにわかには信じがたい気持ちになったそうです。先生から様子を聞くと、「授業や団体行動のときに、ちょっとしたことで怒りが抑えられず、お友だちとけんかになります。体格がよいのでクラスで暴れるとみんな怖がってしまいます」など、クラスメートとうまくコミュニケーションがとれず、みんなに怖がられていることがわかったのです。その子はお母さんが大好きで、お母さんには自分の様子を他の子がしていたかのように報告していたようです。

こんな事例もあります。この場合、学校での子どもの行動は、先生から教えてもらえなければ、親は一生知りえないものでした。

このような**「親がまったく知らない子どもの情報」を教えてくれる貴重な人が、学校や園の先生なのです。**

こう考えると、先生が子どもについて話してくれたとき、たとえその内容が多少ネガティブなものだったとしても「うちの子のことを気にかけてくれてありがとうございます」と、受け止められるのではないでしょうか。

まわりと比べてお子さんの成長が遅く、そのせいで周囲からさまざまなことを言われている親御さんは、自分の子育てに不安を持つことが少なくありません。そのこと自体は仕方がないことだと思うのですが、問題なのはその不安の裏返しで、攻撃的な態度をとってしまうことです。

子どものことを思って「よかれと思って伝えた」先生の発言を「子どもが否定された！」と、攻撃的に受け止めてしまうと、親御さんも先生も苦しくなります。そしてそれは何より子どもにとってよくないのです。

親の不安や攻撃性は、近くにいる子どもに伝わります。つまり、親が不安を感じ攻撃的になると、子どももそれを倣《なら》うように不安で攻撃的になるのです。

これでは、子どもの行動は改善しませんし、先生との関係も悪くなる一方でしょう。先生だって人間。完ぺきなわけではありません。だからこそ、互いを思いやるコミュニケーションが欠かせないのです。

先生から子どもについて何か指摘をされたとき、言い返したくなってもとりあえず飲み込み、**「いつもいろいろ教えてくださってありがとうございます、ご迷惑をおかけしてごめんなさい」**と、言ってみましょう。かたちだけでも言葉にしてみることで、その後の会話がスムーズになると思います。

相手の言葉を否定せずに受け止め、そこからボールを投げ返すように言葉を返す。

これはコミュニケーションの基本です。気持ちを受け止めて感謝の言葉を伝えたその上

親の不安や攻撃性は子どもに伝わる

で、自分の言いたいことを主張してみると、先生もこちらの話を聞く下地ができているので、スムーズに話し合いができるでしょう。

学校の先生との関係が悪くなれば、貴重な子どもの情報をもらえなくなり、子どもの学校での様子を聞けなくなります。「発達障害ではないでしょうか？」と言われ、とても驚いたとしても、まずは受け止めることが大切なのです。

2．生活リズムを整える

先生から言われたことをまずは受け止めるのが大切というお話をしましたが、もし「発達障害だと思うので、すぐに病院に行ってください」と言われたら、その言葉通りすぐに病院に行くのは時期尚早です。

病院に行く前に、生活リズムは整っているかチェックしましょう。しっかり眠れているか、食べられているか、生活を振り返ってみてください。もしも、**生活リズムが乱れていたり、睡眠が十分とれていないのであれば、それを見直すことから始めます。**くり返しになりますが、まず、朝早く起きることから始めましょう。

小学校中高学年にもなると、ずっとゲームやスマホをやっていて、なかなか寝てくれないという話もよく聞きます。こんなときでも話し合いを抜きに、ゲームやスマホを取り上げるのは禁物。やる時間、いつやるかなどゲーム・スマホで遊ぶときのルールを話し合い、自分で決めてもらいましょう。

私はこのように話しています。

「Dくん、忘れ物が多いって聞いたけど、忘れたくて忘れているわけではないよね。実はね、忘れ物をしないためには、たくさん寝るといいんだって。早く寝るためにはもう少しだけ早くゲームを終われるといいよね。ゲーム、何時くらいまでに終わらせるか決めない？」

こうして会話をきっかけに子ども自身に考えてもらい、就寝時刻を決めるのです。

先生からの指摘をよいきっかけにして、生活を見直してみましょう。私のこれまでの経験上、親から「決めつけられた」ことではなく、話し合った末、子どもが自分で決めたルールのほうが守れる可能性が高いです。

3. 勉強を頑張らせすぎない

親御さんが学校の先生からよく言われる言葉に「勉強を頑張らせてください」というものがあります。こういう先生は多くて、「家庭学習は親の役目」「家でもっと勉強させるようにしてください」などと言われることも少なくありません。

このように言われた親御さんは、「私が頑張らないといけない」と思い、お子さんの横に張り付いて勉強させてしまう方が多いのですが、それはたいへん間違った方向です。多くの場合、勉強は親御さんの家事が終わった後、夜の9時過ぎから深夜にかけて行うことが多いので、子どもの大事な睡眠時間が削られて、脳が育たず、発達障害もどきの状態に発展していくこともあります。そういった問題が現れるきっかけが、先生から言われた言葉というのは、残念ながらよくある話です。

親御さんは、先生に何を言われてもまずは生活改善を目的にして、あとは泰然と構えていましょう。

学校での行動に問題があるのなら、勉強で得意なものをつくってあげようと、無理に勉強に力を入れてしまう親御さんも見受けられますが、生活がおろそかになることは絶対にNGです。

4. 生活リズムの改善でうまくいかないときは、病院へ

上記の流れで、子どもの生活リズムを整えつつ、子どもの様子を観察します。生活リズムを改善しても、発達障害もどきの症候が収まらない場合、学校の環境改善も必要であれば先生に相談をしましょう。話し合いは先生も親御さんもどちらにもストレスがかからないようにできるといいですね。

「こうしてください」と一方的に話すのではなく、こちらの要望は伝えた上で、学校ができること、できないことを教えてもらい、最善の策を講じられれば一番だと思います。

ここで大事なのは、自分の主張を相手に呑み込ませるテクニックではなく、敬意です。相手への敬意をもって、傾聴を心がけた会話をすることできっとよい結果が出るはず。先生も親も子どもの幸せを祈るという目的では同志だからです。

学校の環境を変えてもらっても症候が収まらない場合は、医療機関を受診することになります。その場合、できるだけ発達障害に詳しい医師のところへ行きましょう。

そのあたりのことは第1章に書いてあるので参考にしてください。

親向け　不登校になったら「チャンス」と捉えよう

ここからは、先ほどとは趣旨を変え、子どもが「登校渋り」「不登校」になった場合についてお話ししましょう。

朝、お子さんが「学校に行きたくない」と言ったらどうしますか？　親御さんはショックを受けると思います。そして、「なんで学校に行かないの？」と聞いたり、「学校は行くものでしょう」と強く言いたくなるでしょう。

子どもに学校に行ってほしい、その気持ちは痛いほどよくわかりますが、学校に行かないということは、お子さんには家庭での生活しかなくなるということです。これは「いい生活改善のチャンス」。ぜひ、そう捉えていただけたら幸いです。

「学校へ行きたくない」と言い出すのは、経験上、小学校4年生くらいが多いように思います。もしそのくらいの時期にこういったことを言いだしたら、ここからの私の話を思い出してください。

まずは、親が学校に行かないということをあまり深刻に受け止めないことです。

子どもにも「へー、行きたくないんだ」と、そのまま告げるくらいの受け止め方がベスト。行き渋りの始まりに「学校には行かなくちゃ」「勉強が遅れてしまうよ」など、正論を言っても子どもは黙り込むだけです。そして会話がなくなり、不登校が長期化するケースも少なくありません。

「そうか、行きたくないんだね」と、お子さんの言葉を肯定的に受け止めると、子どもは驚きます。叱られると思っていたからです。子どもだって、学校に行かなくてはいけないことはわかっています。**行きたくないという気持ちを親に言えるというのは、親子の信頼関係が育っている証拠です。**

自分の言った言葉を肯定されると、「だってさ、昨日帰りに○○くんとけんかしちゃったんだ」などと「行きたくない理由」を言ってくれることもあります。こうなったらしめたもの。お子さんの話をうなずきながら傾聴します。何割かの子どもはそれだけで、「でもなぁ、学校行かないと勉強遅れちゃうし、やっぱり行くわ」と、勝手に学校に向かってくれます。

たとえ、そういうやりとりの後に、「今日は学校に行かない」という結論になっても、黙って受け止めましょう。子どもが決めたことを親が受け止めると、不登校は一日で終わることが多いものです。

一番よくないのが、学校に行かないことで子どもの人格を否定してしまうこと。学校に行かない＝その子自身が悪いということではありません。

親向け　学校に行かないと決めたら、絶対にこの約束を

小学校中高学年以上のお子さんが学校に行かないと決めたら、**「ママやパパは仕事が忙しい。あなたは家にいるわけだから代わりに、家のことをやってね」**と約束させます。

たとえば、食後の食器を洗うこと、洗濯機を回して洗濯物を干すこと、洗濯物を取り込んでたたむことなど、家にいるからできることを子どもの役割にしましょう。

行うことはなんでもよいのですが、生活をまわす上で外せない作業をしてもらいます。お母さんが帰ってくるまでにご飯をつくるための準備をやってもらうのもよいでしょう。お米をといで、4時に炊飯ボタンを押してもらえれば助かりますよね。

それらを提案し、「やってくれる?」と交渉します。

また、お昼ご飯は自分で用意させてください。「給食費、330円もったいないよね」と言い、昼は自分でコストをかけずに食事を用意することを義務としてやってもらいましょう。冷凍食品をチンする、カップスープにお湯を注いで、朝の残りのご飯をおにぎりにして昼食にするなど、そのお子さんができる簡単なものでいいのです。

子どもに家のことをやらせるのは、学校に行かない「罰」では決してありません。**目的は子どもに役割を与えることです。**

不登校や行き渋りになっている子は何かしら自信をなくしています。

そこで、役割を与えてそれをこなしてもらい「ありがとう、助かった」と親から伝えることで、子どもの自信をつけるのです。家の中で何もしないでいたら自己評価は低くなりますが、家事をしてありがとうと感謝されれば、自己肯定感が上がります。**こうして家庭の中で人格が認められて、自信がつけばいつかは必ず学校に行くようになります。**「こんな自分なら学校に行っても大丈夫だ」と思えるようになるからです。

よく不登校で昼夜逆転してしまった、朝からゲーム漬けになってしまったという話を聞きますが、これらは一番避けたいケースです。昼夜逆転してしまった後から「おうちの仕事をやってね」「おひるごはんは自分でつくってね」と約束することは難しいので、行かないと決めた最初の段階で、この約束をすることが肝心です。

親向け　先生と相性が悪すぎたときの対処法

先生も親もどちらも人間ですから、相性のよしあしがあるのは当然です。どうしても好きになれない、話していると不安になる先生もいるでしょう。

私のところに相談に見えたある方は、「先生と話すのがすごく怖いんです」、そう訴えてきました。そこで、その方には先生とのやりとり、特に会って話す必要がある場合は、お父さんにそれらを任せることをアドバイスしました。

先生と相性が悪い場合、父親や祖父母などにやりとりを代わってもらうのは悪いことではありません。もちろんこの反対として、父親の代わりに母親や祖父母が「先生との面談担当」になるのもOK。比較的、相性がいい人が窓口になるとよいでしょう。

そうすることで、親も先生も、どちらもストレスから解放され、穏やかに過ごせるようになります。

代わってくれる人がどうしてもいない場合は連絡帳や手紙のやりとり、メールなどで要望を伝えたり、コミュニケーションをとってください。こうして、その先生と距離をとりつつ、コミュニケーションをとります。ただ、先生の悪口を子どもの前で言ったり、家族に言ったりするのはやめたほうがいいでしょう。

代わってやりとりしてくれる人がいない場合は、他の先生に助けを求めることも考えてください。学年主任、教頭先生などに相談するのもひとつの手です。

先生向け　発達障害が疑われる子を見つけたら…

ここからは、園や学校の先生向けに、発達障害が疑われる子への支援の手立てをお伝えします。

集団の中では言動の気になる子は見つかりやすいもの。そういったお子さんを見つけた場合、まず、子どもの不適応行動の要因が、子ども自身（脳や神経）にあるのか、環境にあるのかを冷静に見極めましょう。そして、その子が本当の発達障害か発達障害もどきなのかを考えるためにも、特別支援教育コーディネーターや管理職など専門の先生、もしくは経験のある先生に相談をしてください。家族ともうまく連携し、チームで問題に取り組めるとよいと思います。

先生向け　どんなときも大事なのは、傾聴と共感

もし言動が気になる子の親御さんと話すことになったら、何に注意すればよいのでしょうか。

子どもの現状を説明して、親御さんがパニックを起こしたり、攻撃的に反論してきたりしたときは、相手の様子を冷静に受け止めましょう。

攻撃性の高さは、不安の裏返しであることも多いのです。「お母さん大変ですよね」と相手を責めずに共感すること。**親御さん向けのところにも書きましたが、傾聴の姿勢で相手の話を聞き、お互いに敬意をもって話し合いをすることがとても大事です。**そうして

徐々に親御さんが何に困っているか、何に不安を感じているかを聞き取っていきましょう。

話し合いの中で、子どもの家庭環境に関しても確認をとり、その上で「生活改善」の提案をします。宿題をまったくやってこない子だからといって、その親御さんに「お子さんに、宿題をやらせてください」と言っても、おそらく効果はありません。

ここまでで学んでくださった子どもの生活リズムの重要性をうまく伝えながら、生活の改善に重きを置いた話ができるとよいと思います。一見遠回りに思えますが、それが子どもの学習への意欲を上げる近道でもあるのです。

先生向け 睡眠改善でクラスのまとまりも雰囲気も変わる！

親御さんにだけではなく、子どもにも直接、生活リズム改善の重要性を伝えましょう。先生と子どもの間に信頼関係ができていて、「先生が実行して素晴らしいと確信していること」であれば、子どもはきっと信じて実行してくれます（そのためにも、先生も生活リズムを整えましょう！　そのための小さなコツは最後にお伝えします）。

たとえば、夏休みの過ごし方の指導をするときに、朝5時に起きて散歩するといいこと、勉強は朝が一番効率がよいことなど、ここまで本書で説明してきた話を子どもにもわかるようにしっかり伝えてください。

このときも「勉強するために、早く起きなさい！」と頭ごなしに言うのではなく、子どもがワクワクするような伝え方で「○○君にいいこと教えてあげる、成績がもっと上がる方法。実は先生も実行しているんだけど、早起きすると……」などと話せば、子どもは興味を示し、聞いてきます。言動が気になる子には時間をとって伝えてあげられるといいですね。

「ぼくも、5時に起きてみたい！」「早起きやってみたい！」という子どもが増えれば、クラス全体の雰囲気もまとまりもきっとよくなるはずです。

先生向け　気になる子が変わるシンプルなほめ方

気になる子との関わりにおいては、他にも大事なことがあります。それは、**学習以外でその子が光る場面を見つけて皆の前でほめることです。**

言動が気になる子というのは、本当は不安がとても強く「自分は他の子と同じようにできない」と自覚していることがあります。「できない」という気持ちでいっぱいの子の心に、自信を与えてあげられるとよいでしょう。

朝、玄関に散らばっていた靴をさりげなく整理していた、学校に来たお客様を教員の部屋まで案内したなど、実際にやっていたよい行動を「認めるようにほめる」ことが大事です。大げさにほめる必要はありません。先生に何かを認められた子どもは少しずつでも変わります。目の前の子どもが、自分の関わりで変わることは、先生という仕事の醍醐味ではないでしょうか。

先生向け　子どもの特徴を把握することの大切さ

どんな場合でも大事なのは、その子の特徴を知っておくことです。

日々の生活でその子を観察して、行動パターンや感情の表し方、機嫌のよいときと悪いときの違いなどをまとめておきましょう。それは、親御さんや専門家に相談するときにも役立つのでおすすめです。

その子がトラブルを起こす、気になる行動をとるときは、その理由が何か、どこにあるかわかると対処の仕方を考えられます。不安が強い子どもは、発達障害もどきであってもこだわりが強くなることがあります。手を洗う時間が長くなっていたり、しつこく同じことを確かめたり質問したりします。忘れ物や失くし物が多いのも、本人の不注意以前に家庭に経済困窮など落ち着かない要因があるケースも多いのです。

また、忘れ物が多いからといって罰を与えることは何の効果もありません。いいことがあったらとにかくほめてその行動を強化し、困ったことがあっても罰は与えないで無視するのです。罰は子どもの不安と攻撃性を増すだけで、子どものパフォーマンスが悪くなります。

教室で先生が叱ることに恐怖を感じる子どもたちは多く、それが原因で学校に行きたくなくなり不登校になる子もいます。子どもを叱りたくなる気持ちはわかりますが、効果はかなり低い上に、逆に子どもたちの不安をあおり、そこから学級崩壊にもつながることもあるのです。

先生向け

先生こそ、睡眠時間の確保を大切に

先生は、常にオーバーワークですよね。特に近年はあまりに仕事が多く長時間労働の常態化が問題になっています。

昔は学校では学問を教えるだけで足りていました。今は子どもの学習能力の向上を促すだけでなく、生活支援に関わる業務もあります。その上で、どうしたら学習内容が目の前の子に入っていくか考えないといけません。意味がある仕事ですが、とても大変なのも事実です。また、多忙な親に合わせて面談が夜になることもあり、結果として先生の勤務時間が長引くことも少なくありません。

先生になろうとする人はまじめな方が多いと感じます。これは、教育学部で教える中で、また学校と関わりを持つ中で感じることです。まじめに仕事に取組み、1人でなんでもやろうとしてしまう人も多いですが、それで自分のキャパシティを超えてつぶれてしまっては意味がありません。学校の仕組み上、難しいこともあるかと思いますが、できるだけ1人で抱え込まず周囲と協力し合いながら仕事をしていきましょう。

ここまで何度も何度もお伝えしてきましたが、子どもだけではなく大人にも適切な睡眠時間の確保と、生活リズムの安定が必要です。十分な睡眠や安定した生活が健やかなメンタルにつながります。そのため、難しいことは承知でお伝えしますが、なんとかうまく時間を使って「睡眠時間」を確保してください。ぐっすり寝た後のほうが効率よく仕事が進むはずです。また、早起きして仕事をこなすほうが、パフォーマンスも上がり、作業時間が短くなります。

子どもはとても敏感です。そのため、近くにいる大人が不安定になっていると、子どもも不安定になります。これは親子だけではなく、教師と生徒の間でも起きえます。

私は仕事柄いろんな学校に行くのですが、そのときに実感するのが**「先生が変わると、大きく変わる子どもが多い」**ということ。教育現場では、子どもたちが学習しやすい環境にすることが大切で、その環境要因には先生も含まれます。落ち着いた穏やかな気持ちで先生が教えれば、子どもたちの脳はぐんぐん育ちます。先生のメンタルを整えることは、環境調整という面でも、とても大事な要素になります。

ただでさえ忙しい先生にプレッシャーをかけたくはないのですが、まず先生の生活をできるだけ安定させ、先生が落ち着いた状態で子どもたちを導けるようにしていただければと思います。

そのためには、先にお伝えしたように、すべてを1人で抱え込まないこと。多忙な上に、さまざまな子どもと向き合う先生だからこそ、早寝早起きでパフォーマンスを上げて仕事をしてほしい。そんな働き方ができる社会になってほしいと、思っています。

第5章

子育ての目標は「立派な原始人」を育てること

まずは子どもを原始人に育てよう

今まで発達障害もどきのお子さんに関して、さまざまな話をしてきました。しかし、発達障害もどきでも、そうでなくても、すべての子どもを育てる上で大切なことは共通しています。最後の章では、子育てに共通する重要なポイントについてお話しします。お子さんを育てる際のヒントにしていただけたら幸いです。

まず、幼少期の育児の基本からお伝えしましょう。**それは、「子どもを立派な原始人にすること」です**。いきなり、立派な原始人といわれて驚いた方もいるかもしれませんね。一体どういうことか、順を追って説明していきましょう。

人は生まれる前に胎内で、生き物の進化の歴史を再現しているのをご存じでしょうか。私たち人間は、魚類↓両生類↓爬虫類↓哺乳類という系統発生の中で生まれた動物ですが、実はその生命の進化の痕跡が、胎児が母親の胎内で成長し、生まれるまでの十月十日

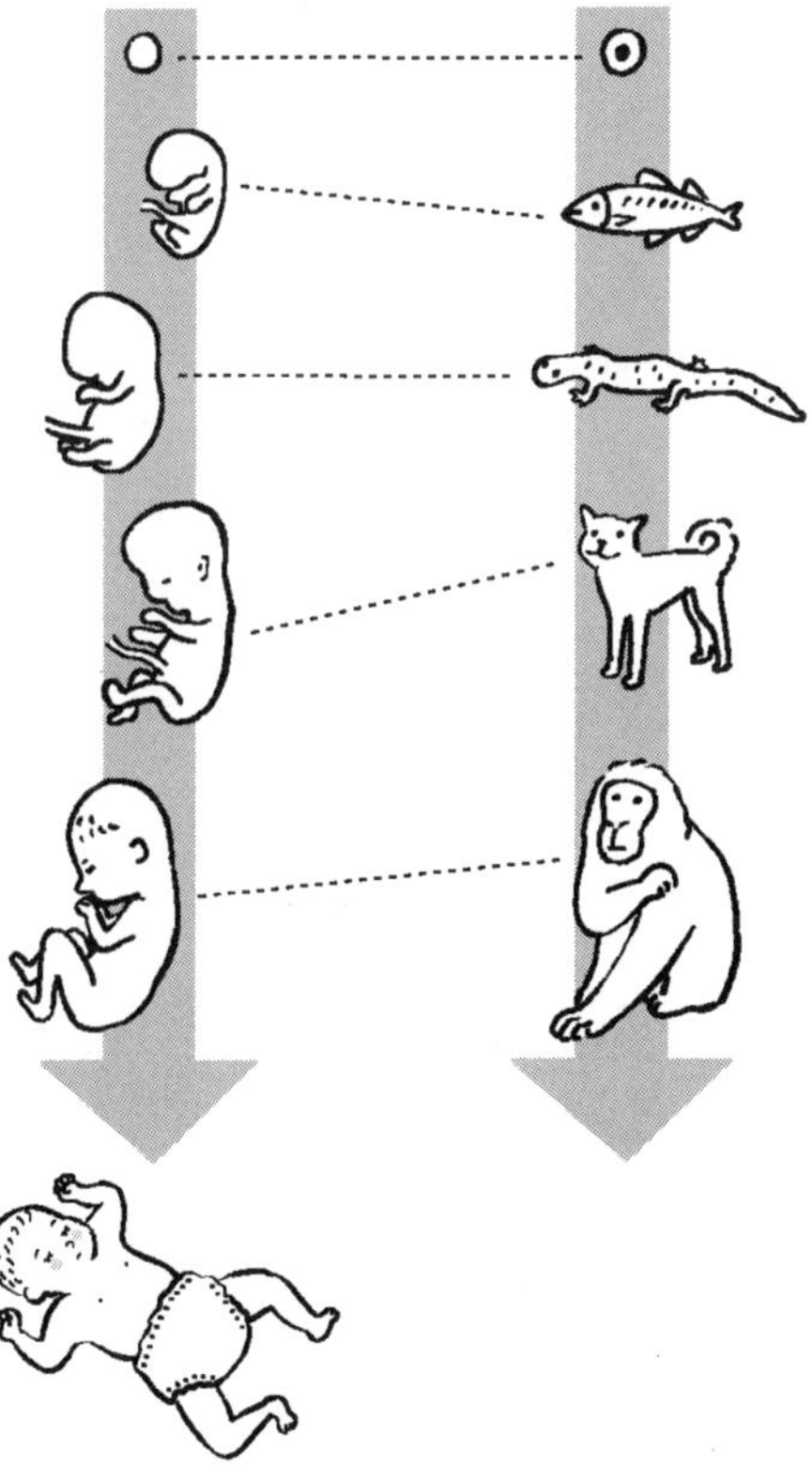

人は胎内で生き物の進化の歴史を
再現している

の中で再現されているのです。

受胎32日目、母親が妊娠に気づく頃、胎児の顔はまだエラを持つ魚のような状態です。その後、魚類から両生類へ進化するように、鼻などが形成されます。鼻が形成された後で真横にあった目が徐々に正面へと動き、鼻と並び、ここでやっと哺乳類の域に入るのです。このあと少しずつ、胎児はヒトになっていきます。

こうして人は胎内で進化の過程をくり返したのち、この世に誕生します。

つまり、新生児は人間のかたちをしていますが、まだ「本当の意味で人間になりたて」なのです。

誤解を恐れずにいえばまだ「動物」で、原始人にもなっていません。人の進化の過程に沿うならばまず目指すのは、立派な原始人。そこから徐々に文明が扱えるような「現代人」になっていけばいいのです。

これは、ここまで何度もお伝えしてきた正しい脳育ての順番とも一致するお話です。

脳の中で一番に育てるべきは「寝る・食べる・動く」をつかさどり、生きるために欠かせない働きをするからだの脳だと何度もお伝えしてきました。その次に考えたり、想像するためのおりこうさん脳やこころの脳を育てます。

からだの脳を育てるためには、早起きし、しっかり食べ、よく寝ることをくり返すのが大事ですが、「日が昇ったら起きて、生きるためにしっかり食べて、日が沈んだら身を守るために安全な場所ですぐ眠る」これは、まさに原始人の生活と同じです。**からだの脳を育てる暮らしは、自然界で生き延びる原始人の暮らしと同じなのです。**

そして、原始人の暮らしの中で育まれる「生きるスキル」は、どれだけ文明が進化しても変わらない、生きていく上で大事なことだといえます。

なぜ、自分の命を守れない人が増えているのか

からだの脳には、危険が迫ったときに指令を出し、そこから逃げるという働きもあります。おりこうさん脳が発達していて、高度な計算ができ、何カ国語もの言葉をしゃべれたとしても、からだの脳が育っていなければ「自分が今、危険ではないか、逃げるべきか逃げないべきか」の判断は、できません。この判断ができなければ、人は死にます。**原始人の生活で培えるのは、自分の命を守り、生きていくためのスキルなのです。**

命を守るなんて当たり前のことに思うかもしれませんが、これができない子どもや大人が、多くいます。

親が最初にやるべきなのは、子どもがこの世を生き延びるための脳＝からだの脳をつくること。立派なからだの脳が育っていれば、そのあとに発達するおりこうさん脳やこころの脳もしっかり育ち、人間として社会の中で生き延びることができます。この大切な時期に夜を徹して勉強させたり、習い事をいくつもやらせたりして十分な睡眠時間をとらせないと、いずれ社会生活ができなくなることが多いのは、今まであげた例でもおわかりかと思います。

子育てには悩みがつきものですよね。ただ、他の家と比べて「うちはまだひらがなも読めない」「○○ちゃんも英語を始めたっていうし、急いで勉強させないと」などと焦る必要はまったくありません。比べるなら、他のうちの子よりも「原始人らしく生きられているか」を比べてください。

人間はゆっくり成長していく動物です。小さな頃の焦りで、脳のバランスを崩してしまうと、大人になってからの立て直しに時間がかかることもあります。

子どもの将来のためにも、徹底的に立派な原始人を目指しましょう。

子どもに与えるべきは「寝る・食べる・逃げる」というスキル

ニュースや日本人の生活に関する調査結果などを見ていると、大人の中にもからだの脳が十分に育っていない人が多いように感じます。

たとえば、過労死の多さがそれを物語っています。過労死防止のための対策も講じられるようになっていますが、過労死はまだ減っているとはいえません。介護・保育・障害者福祉の現場では過労死が増えているという報告もあります。

人によって状況が異なり一概にはいえませんが、からだの脳が育っていれば、寝る暇も食べる暇もないような労働環境からは逃げ出します。「寝られない・食べられない」ということの事態の深刻さを脳全体で知っているからです。

反対に、からだの脳が育っていないと、自分で自分の寿命を短くする大人になってしまいます。仕事が忙しいからといって、ご飯を抜いてしまう。寝る時間を削って仕事をしてしまい、睡眠時間を確保できない人になる。からだの脳からの指令もないので、その環境から逃げることもできません。こんな生活を続けていれば心の病になったり、突然心臓が止まったりしてもおかしくないでしょう。**つまり、からだの脳が育っていなければ、社会の中で生き延びられなくなるのです。**

食べる、寝るというのは生きていれば当たり前にできることのように思いますが、それは違います。これも立派なスキルであり、これを教えられるのは子どものまわりにいる大人しかいません。

そして、食べること、寝ることをきちんと教えてもらった子どもは、何が本当に危険なことかわかり、そこから逃げ出すこともできるようになるのです。**人生を生き延びる上で何が大事で何が大事ではないのか、それを改めて振り返り、子どもに生きるためのスキルを与えていってほしいと思います。**

この世を生き抜くには「自分のことがわかる力」が欠かせない

発達障害もどきの子の中には、自分がどういう状態で、どうしたいかがわかっていないこと、自分への感覚が乏しい子がいます。

ここに自律神経のアンバランスさが加わると、自分の体調の悪さなどに気づけず、気がついたら倒れていることもあります。とにかく、今の自分の心や体の状態に意識を向けるのが苦手な子が多いのです。

多くの相談を受けてきて、ここには残念ながら家庭での親子の在り方も関係しているように感じます。自分の状況を把握する力、心や体の状態を感じ取る力は、自ら試行錯誤をくり返すことで成長しますが、その機会が圧倒的に少ないのです。これは、親が子どもの行動や失敗を予測して先回りしているのが原因でしょう。**親が頑張ることで、子どもが自分で感じて考え、行動する機会を奪っているのです。**

学校などで行動を注意され、「わが子の言動に問題があるかも」と思っている親御さんであればなおさら、子どもに失敗させないように先回りしてしまい、過干渉になってしまいます。ただ、これでは自分に意識を向け、そこでわかったことをベースに行動する訓練ができません。

自分のことがわからなければ、大人になったときにも大事な場面で判断ができなくなります。これは社会に出てから非常に困ることのひとつです。

たとえば、明日、社運をかけた大事なプレゼンがあるとしましょう。今のあなたは、数カ月に及ぶプレゼンの準備で少し疲れています。本当は早く帰って明日のために休んだほうがいいという状況です。そんなときに、仲のよい同僚に飲み会に誘われました。そこで、自分のことがわかっておらず、今どうすべきか判断して行動できなければ、「楽しそうだから」という理由で飲み会に行ってしまうかもしれません。これでは、もしかすると翌朝起きられず、プレゼンに遅刻する可能性、プレゼンが失敗する可能性だってありえます。

自分のことをわかっていて、それをもとに判断・行動できるというのは、社会で生きていく上で、非常に大事な力です。

この大事な力を伸ばすため、あえて親が関わらない・子どもに判断させるという訓練を意識的に行うのがよいでしょう。

自分に意識を向けると、自己肯定感は自然に上がる

自分のことがわかっていて、それに基づいて冷静に判断できるようになると、自己肯定感も上がります。

発達障害もどきの子は園や学校の中でできないことを指摘される場面が多々あります。友だちと一緒にお遊戯ができない、みんなと同じように話が聞けない、忘れ物やうっかりミスが多い……。

当たり前かもしれませんが、人間は誰もが完ぺきではないのです。発達障害の症候がまったくない子であっても、できないことも苦手なこともあります。でも、「発達障害では？」と先生から言われるような子たちは、できないことを他人から指摘されることが多く、自己肯定感も上がりにくいのです。

そんな中でも、自分のことがわかっていれば、つまり**「自分なりにできていること」が自分でわかっていれば、自分を愛し、信じることができます。**

「みんなからいろいろ馬鹿にされたり、怒られたりもするけど、でも僕はちゃんと夜８時

には寝て、朝5時に起きて勉強している。まぁ、ぼくだって捨てたもんじゃないんだ」というように。

このように思えれば、たとえ成果が出なくても誰にも評価されなくても、自分で「ここはできている」と認めることができます。これがすごく大事なのです。

まわりに左右されず、自分のよいところを自分で発見できるので、自然と自己肯定感も上がっていきます。

これは大人でもできていない方も多いのではないでしょうか。

自分で自分を認められる脳をつくるためにも、自分に意識を向け、自分のことをちゃんとわかるように子どもを育てることが重要なのです。

子育ての核は「ありがとう」「ごめんなさい」の中にある

家庭で子どもの自己肯定感を高める方法をもう1つ、ご紹介しましょう。

それは、第2章でもお伝えしましたが、家の中で子どもの役割をつくることです。洗濯

「ありがとう」といわれる環境をつくりだそう

物を畳む、玄関掃除、ゴミ出し、アイロン……なんでも構いません。

もし、子どもがしっかりと自分の役割を果たしてくれたら、あなたならなんて声をかけますか？「ありがとう」と感謝を伝える方が多いのではないでしょうか。

身近な人に「ありがとう」と言われると、それだけで自己肯定感は増します。**子どもにありがとうと言われる経験をたくさんさせてください。**子どもの家での役割にはそのような意味もあるのです。

もし、子どもを幸せにしたいからといって、「○○ちゃんは勉強するのが仕事だから！」などと家で勉強ばかりさせたり、知育や教育という言葉にだけ反応して子どもと関わると、子どもは常に庇護され与えられる存在でしかいられなくなります。これでは、「自分が何かをして、他者から感謝される経験」ができません。

子どもに役割を与え、その子がいないと生活がまわらなくなるような環境をつくると、必然的に親は子どもにありがとうと言えます。**この役割と人からもらう感謝が、子どもの自己肯定感を底上げしていきます。**

特に発達障害もどきの子にとって、家の中での役割はより重要になります。

先生に注意ばかりされていることで親に迷惑をかけていること、自分が親に厄介をかけていてお荷物になっていることは、子どもは親が思う以上にわかっています。中には「親に迷惑をかけていて申し訳ない」「親のお荷物になっている自分はいないほうがよいのではないか」と心の中で思っている子もいるでしょう。

だからこそ、子どもが自然と感謝されるような場を生み出すのが大事なのです。やってもらってばかりの自分ではない、自分にも「ありがとう」がもらえる場所があるという想いが、子どもの心を支えます。

また、「ありがとう」「ごめんなさい」このやりとりは、社会におけるコミュニケーションの基礎です。これができない人や取引先とは、新たな関係を築きたいとは思えませんよね。

人と人の間の信頼に関わる大事な言葉であり、社会で生きる上で欠かせない言葉だといえるでしょう。

家族という人間関係の中で、親が「ごめんなさい」をしかるべきときに言うことで、子どもに「ごめんなさい」を使ったコミュニケーションも教えていきましょう。

たとえば、子どもとした小さな約束を忘れてしまったとき。親の自分が間違っていたと気づいたら、ごめんなさいと心から謝るのです。ここで謝ったら威厳がなくなるなんてことはありません。謝らないほうが、子どもに悪い見本を見せることになります。


助けてもらったら「ありがとう」。自分が悪かったら「ごめんなさい」。

このやりとりが家庭の中でできていれば、社会に出ても同じように感謝したり、謝ったりできます。反対にこれができていないまま社会に出てしまうと、これらが反射的に出てこない人になります。「コミュニケーション下手」と言われ、相手の気持ちがわからない、適切なコミュニケーションがとれない人と判断されるのです。

もし、学校などでこのような様子が見られれば、それによって「言動が気になる子」と先生に思われることもあるかもしれません。


子育てで大事なことは、コミュニケーションを用いて社会の中で生きていくすべ、必要なものを手に入れる方法を子どもに教えることです。その核となるのが「ありがとう」

「ごめんなさい」の言葉なのです。

親の一番の仕事は「子どもを信頼すること」

できないことにチャレンジすることは、達成感を得て成長するためにとても大切です。人は誰もが最初からなんでもできるわけではありません。失敗して、人に迷惑をかけてしまうこともあります。そういうときはきちんとごめんなさいを言って、やり直せばいいですよね。失敗からたくさんのことを学べばいいのです。

チャレンジさせるということは、親が子どもを信じていないとできません。

発達障害もどきといわれるような子だと特に、親が心配して先回りや干渉をしてしまうケースが見受けられますが、それではいつまでもお子さんが成長できません。思い切って、子どもを信頼して任せてみましょう。子どもを信じ、自分で考えて決めさせるのです。決めたことが間違っているかもしれませんが、まずはそこからスタートします。もし間違っていることに気づいたら、軌道修正すればよいのです。

間違いに気づいて軌道修正をするときに親はアドバイスができますが、親の意見を押しつけることだけは避けましょう。そうなったら自分で決めたことではなくなります。親はいろいろな選択肢を提示して、子どもに選ばせること。それが親の役目ではないでしょうか。

子どもの家庭での役割を決めるときも、「あなたは洗濯係ね」と勝手に決めてしまわないようにしましょう。また、お料理はまだ包丁が危ないから駄目と、選択肢を狭めないでください。

もし、子どもが食器洗いでお皿を割ってしまったら、そこも子どもが育つチャンスにしましょう。

頭ごなしに叱るのではなく、「食器は割れるものだよね。大丈夫だよ、どうやって持ったら今度は割れないと思う?」と、次は割れないようにするために一緒に考えます。失敗しても大丈夫、次からどうすればいいか考えるチャンスにしようと、子どもに体験してもらえるとよいでしょう。

さらに、**親がこのようなスタンスでいると、子どもは失敗した人のことを許せるようになります**。これこそ、集団生活で必要なことではないでしょうか。家庭生活で、子どもは大事なことをいくつも学べます。学習とは机に向かって行う勉強だけではないのです。

失敗の末に何かが続けてできるようになったら、その子の心には自信が生まれ、新しいことに取り組むときも「不安だけど大丈夫、頑張ってチャレンジしよう」と思えるようになります。

正しい脳育てをしてくださっているご家庭であれば、ぐっすり眠ることで子どもの脳にはセロトニンが出ていますから、それも合わせて「きっと大丈夫」と思う力が、ぐんぐん育っていくはずですよ。

まわりに頼る姿を見せていますか？

家事、子育て、仕事……誰かと分担してできていますか？　適切に人に頼ることはできていますか？　まじめで責任感が強い人ほど、仕事も家事も１人で抱え込みがちですが、もし、今さまざまなことを1人でこなしているとしたら、誰かに頼ることを始めてみてください。

誰かに助けを求める力は、生きていく上で欠かせないものですし、親がその力を持っていることで、子育ては大きく変わります。

私もアクシスでは、たくさんのスタッフに頼っていますし、人に助けられて仕事をしているので、そのことに日々感謝しています。家庭でも同様です。うちの娘の役割は中学生の頃から朝ごはんをつくることなのですが（役割は年齢や状況によって変えていって構いません）、今ではおいしい卵焼きをつくってくれます。朝、その卵焼きを食べると、娘に自然に「おいしいね、ありがとう」と伝えられます。

1人で抱え込まずに誰かに助けを求める力が必要なのは、親御さんにも子どもにもいえることです。特に子育てに悩んでいる親御さんは周囲に助けを求めてください。たくさんの人に頼ることで気持ちもラクになり、お子さんはよい方向に変わります。学校にはさまざまな立場の先生がいます。学校の先生に話すことが難しければ、地域の相談窓口に話をするのもよいでしょう。

親御さんがそうやってたくさんの人に助けを求めるその姿を子どもは見ています。そうすると、**「困ったときは誰かに相談すればいい」**と子どもも学んでいくでしょう。

自立とは、「ひとりですべてをできるようになること」ではありません。**自分で生活をまわすために、社会の中でコミュニケーションをとり、自分に必要なものや助けがあればそれを他者から受け取って、それを使って生きていくこと。**

それが自立です。親がそれを実践していれば、子どもも自然とそれができるようになります。それこそが子育てにとって、真に大事なことではないでしょうか。

親の生き方を変えると、子育てはうまくいく

子どもの脳は、親をはじめとするまわりの大人が提供する生活に良くも悪くも影響を受けます。だからこそ、子どもだけに何かしてもらおうと思うのはやめてください。まず変わるのは親です。

親が覚悟を決めて、軸をブレさせることなく生活を変えれば、子どもはその姿を見て、

自分の行動を変えていきます。

生活を変えることについては、これまで何度もお伝えしてきました。しっかり食べて、しっかり寝る。この生活をくり返すこと。困ったときは誰かに相談し、危険が迫ればそこから逃げること。「ありがとう」「ごめんなさい」をしかるべきときに言い、社会の中でコミュニケーションをうまくとること。

どれも当たり前のことですよね。当たり前のことが当たり前にできるようになれば、子どもの気になる行動も少しずつ改善されていくのです。

睡眠がうまくとれていない子の親御さんは、たいがい睡眠不足です。

十分な睡眠がとれていないので、からだの脳はうまく働いていません。ホルモンや自律神経の機能が低下し、頭痛や腹痛、腰痛、動悸、倦怠感など体のあちこちに不調が起こります。そうすると、仕事や家事の効率が落ちてしまい、生活がうまくまわらなくなるのです。これは、家族の生活にも影響するので、家族間でイライラすることが多くなります。イライラが高まれば、家族の間でつい感情的な言葉のやりとりをしてしまったり、不要な争いがおこったりもするでしょう。家庭がゆっくり体を休める場所ではなく、何か落ち着かないしんどい場所になってしまうことも少なくありません。

そうならないためにも、まずは親がきちんと睡眠をとりましょう。

それだけで仕事も家事も効率よく処理でき、目の前の出来事に関して冷静な判断もできます。余裕を持って笑顔で家族に接することもできるでしょう。

世の中のお母さん・お父さんは、家族のために頑張っている方が本当に多くいますが、頑張りどころがズレて、よい結果を生んでいないケースも少なくありません。自分の楽しみの時間はあきらめて、1人で家事や仕事のすべてを抱え込んでしまうのは、よい頑張り方ではありません。それで子どもが学ぶのは「生活をおざなりにして、自分を犠牲にする生き方」でしかありません。それは、脳の発達によい結果を生み出さないことは、ここまでに何度もお伝えしてきましたね。

親がやるべきことは、自分がまっとうに生きる姿を通して、子どもを導くことです。

そのために自分の楽しみも幸せも捨てる必要はまったくありません（それで生活が立ち

ゆかなくなるのは本末転倒なので、注意しましょう）。

親が楽しいことを見つけて、安定した生活リズムの中で幸せな気持ちを持っていれば、それが子育てにもよい影響を及ぼします。それも、まっとうに生きることに含まれているのです。

子どもを変えようと意気込む前に、自分の生き方の軸がブレていないか、今一度見直してみましょう。

一生涯役に立つ、健康と安心に必要な脳を小さいときにしっかり育て、立派な原始人としてのベースをつくれるか否かは、親御さんにかかっています。

まず明日から子どもを早い時間に起こし、朝の光を浴びて一緒にお散歩してみてください。たった5分で構いません。親子で笑顔に過ごせる時間が必ず増えるはずです。

おわりに

この本を読んでみて、いかがでしたか。

発達障害もどきといわれる子どもたちがいること、そしてそもそも発達障害について、より深く、これまでとは違った角度からご理解いただけたのではないかと思います。

また、本書でご紹介した「発達障害もどきから抜け出すための方法」は、どなたでも、すぐに実践できる内容だと自負しています。まず、ご家族で生活を改善してみて、どうしてもお子さんが変わらない、本人も学校や生活の場で困っているようであれば、信頼できる医療機関に相談してみるのも一案でしょう。


本書でもお伝えした通り、発達障害ではないかといわれるお子さんは急増しています。私はその現状を長年目の当たりにしていたものの、そのことについて本を書こうとは思いませんでした。実は、そもそも「発達障害」という名前が入った本の出版には乗り気でなかったのが本音です。

アクシスで日々行っているように、親御さんやお子さんとの一対一の相談場面であれば言葉を尽くして発達障害や発達障害もどきの概念について説明ができます。しかし、本というかたちになると言葉が独り歩きしてしまう可能性があり、いろいろな立場の読者にともすると誤解を与えかねないと思っていました。

しかしながら、その気持ちを動かしてまでこの本を書こうと思ったのは、「発達障害」という言葉に振り回されて、困っているお子さんとそのご家族があまりにも多いように感じたこと、そして、その方々に知ってほしい確かな事実があったからです。

昨今の子どもに対するいきすぎた「発達障害」見立ての風潮と過剰とも思える投薬治療には、多くの専門家が疑問を持っています。

私自身も、数えきれないほど多くの子どもとそのご家族に関わってきて、「発達障害」という単語の独り歩きの危険性に気づいていました。そこには、多少のリスク（誤解や曲解など）を覚悟してでも聞いていただきたい事実があったのです。

それが本書でお伝えした「発達障害もどき」と私が呼んできた子どもたちの存在です。「発達障害もどき」に関しては、出来る限り細心の注意を払って説明したつもりですが、それでもまだ、誤解が生じる可能性があるとも思っています。捉え方によっては、それぐらい危うい側面も持った言葉です。

そのため、当初、編集者の方からこの企画の打診があったとき、私はダメ出しという名のお断りを何度もしました。しかしながら、編集の宮島氏が不屈の精神で、そういった誤解を生まないように細心の注意を払って企画をつくり直し、最後に私もこれ以上反論しようがないところまで練り直してきたのです。

私も、今の状況をよしと思っていませんでしたし、練り直した企画であれば、きっと思い悩んでいる親御さんや周囲の人に届くと思い、この本が世に出ることになりました。

また、この本では、私がこれまでの研究・経験の中で得た知識や編み出した方策をライターの原さんが的確な文章に起こし、読みやすい内容にしてくれました。宮島・原両氏の寄与なくしてこの本はなかったことも、ここにお伝えします。

子育ては孤独で不安な作業です。そのため、悩みや不安がつきません。また、あれこれ悩むのも、ちょっとしたことに不安になるのも、お子さんに対しての愛情が大きいからでしょう。臨床現場や学校で、親御さんの相談を何度となく受けてきた私ですが、情報過多な時代、そしてコロナの時代になってより一層、親御さんの悩みが深くなったように感じています。

情報があふれている今のような時代だからこそ、本当に大切な子育て＝脳育てについて知っていただき、お子さんにとって一番大切なことを見落としてほしくない。そんな思いも込め、本書には子育て全般において大事な話もまとめています。

この本の内容は、幾多の直しを経て今のかたちになっています。しかし、まだまだ言葉足らずで誤解を与える危険性もあると思っていることも事実です。

もし、疑問に思うことや反論があるような場合はぜひ、信頼できる医療機関やまたは私の主宰する子育て科学アクシスなどにご相談いただき、専門家の意見を聞いてください。コロナ禍でも安心してご相談いただけるよう、子育て科学アクシスでは、オンラインでの体験・相談も行っています。

親御さんや学校の先生など、お子さんに関わっている周囲の大人はみんな、その子がのびのびと育つことを願っています。そして、自分の手で未来を切り開く力、自立する力を培ってほしいと思っているもの。私も心からそう思っているひとりです。

自分の力を信じ、転んでも立ち上がることのできる大人になるために、小さいうちから、生涯にわたって自分を守ることのできる丈夫な脳を育ててください。この本がその一助となることを願っています。

主な参考文献・参考ページ

『ネルソン小児科学　原著第19版』Robert M. Kliegman, MD,Bonita F. Stanton, MD, Joseph W. St. Geme III, MD,Nina F. Schor, MD, PhD,Richard E. Behrman, MD 著／衞藤義勝 監修／エルゼビア・ジャパン
『胎児の世界―人類の生命記憶』三木成夫 著／中央公論新社
『DSM-5 精神疾患の分類と診断の手引』日本語版用語監修 日本精神神経学会／高橋三郎、大野裕 監訳／染矢俊幸、神庭重信、尾崎紀夫、三村將、村井俊哉 訳／医学書院
『令和２～３年度　特別支援教育に関する調査の結果』文部科学省
『通常の学級に在籍する特別な教育的支援を必要とする児童生徒に関する調査結果（令和４年）について』文部科学省
『通常の学級に在籍する発達障害の可能性のある特別な教育的支援を必要とする児童生徒に関する調査結果について』文部科学省
『通常の学級に在籍する特別な教育的支援を必要とする児童生徒に関する全国実態調査』文部科学省
『平成27年版　子供・若者白書』内閣府
『令和元年国民健康・栄養調査報告』厚生労働省
『自閉症・自閉症スペクトラム障害の疫学研究の動向』土屋賢治、松本かおり、武井教使／脳と精神の医学 第20巻 第4号／2009
『5歳児発達健診における発達障害の疫学』斉藤まなぶ、吉田恵心、坂本由唯、大里絢子、足立匡基、安田小響、栗林理人、中村和彦／日本生物学的精神医学会誌　27巻2号／2016
『「発達障害」は学校から生まれる』井艸恵美／東洋経済オンライン（https://toyokeizai.net/category/developmental-disorder）

"Attention Deficit–Hyperactivity Disorder and Month of School Enrollment" Timothy J. Layton, Ph.D., Michael L. Barnett, M.D., Tanner R. Hicks, B.S., Anupam B. Jena, M.D., Ph.D., The NEW ENGLAND JOURNAL of MEDICINE, November 29,2018
"Racial and Ethnic Disparities in Parent-Reported Diagnosis of ADHD" National Survey of Children's Health (2003, 2007, and 2011)
Prevalence of autism-spectrum conditions : UK school-based population study. Baron-Cohen S, Scott FJ, Allison C, et al (2009) Br J Psychiatry, 194 : 500-509.
"Social communication skill attainment in babies born during the COVID-19 pandemic: a birth cohort study" Susan Byrne, Hailey Sledge, Ruth Franklin, Fiona Boland, Deirdre M Murray, Jonathan Hourihane, on behalf of the CORAL Studygroup, Byrne S, et al. Arch Dis Child 2022;0:1–5. doi:10.1136/archdischild-2021-323441,2022
Gender Data Portal 2021 (https://www.oecd.org/gender/data/)
"Data & Statistics on Autism Spectrum Disorder" Centers for Disease Control and Prevention (https://www.cdc.gov/ncbddd/autism/data.html)
"Data and Statistics About ADHD" Centers for Disease Control and Prevention (https://www.cdc.gov/ncbddd/adhd/data.html)

本文デザイン…岡崎理恵
本文イラスト…秋葉あきこ
本文DTP…キャップス
編集協力…原佐知子

本書で紹介する事例は、ご相談者を特定できるような情報については配慮し、内容に影響を与えない範囲で編集しております。

青春新書
INTELLIGENCE

こころ涌き立つ「知」の冒険

いまを生きる

"青春新書"は昭和三一年に——若い日に常にあなたの心の友として、その糧となり実になる多様な知恵が、生きる指標として勇気と力になり、すぐに役立つ——をモットーに創刊された。

　そして昭和三八年、新しい時代の気運の中で、新書"プレイブックス"にその役目のバトンを渡した。「人生を自由自在に活動《プレイ》する」のキャッチコピーのもと——すべてのうっ積を吹きとばし、自由闊達な活動力を培養し、勇気と自信を生み出す最も楽しいシリーズ——となった。

　いまや、私たちはバブル経済崩壊後の混沌とした価値観のただ中にいる。その価値観は常に未曾有の変貌を見せ、社会は少子高齢化し、地球規模の環境問題等は解決の兆しを見せない。私たちはあらゆる不安と懐疑に対峙している。

　本シリーズ"青春新書インテリジェンス"はまさに、この時代の欲求によってプレイブックスから分化・刊行された。それは即ち、「心の中に自らの青春の輝きを失わない旺盛な知力、活力への欲求」に他ならない。応えるべきキャッチコピーは「こころ涌き立つ"知"の冒険」である。

　予測のつかない時代にあって、一人ひとりの足元を照らし出すシリーズでありたいと願う。青春出版社は本年創業五〇周年を迎えた。これはひとえに長年に亘る多くの読者の熱いご支持の賜物である。社員一同深く感謝し、より一層世の中に希望と勇気の明るい光を放つ書籍を出版すべく、鋭意志すものである。

平成一七年

刊行者　小澤源太郎

著者紹介
成田奈緒子〈なりた なおこ〉
小児科医、医学博士。神戸大学卒業後、米国セントルイスワシントン大学医学部、獨協医科大学、筑波大学基礎医学系を経て2005年より文教大学教育学部特別支援教育専修准教授、2009年より同教授。２０１４年より発達障害、不登校、引きこもりなど、さまざまな不安や悩みを抱える親子・当事者の支援事業「子育て科学アクシス」を主宰。『高学歴親という病』（講談社）など著書多数。

「発達障害《はったつしょうがい》」と間違《まちが》われる子《こ》どもたち

青春新書
INTELLIGENCE

2023年３月15日　第１刷
2023年12月30日　第16刷

著　者　成《なり》田《た》奈《な》緒《お》子《こ》

発行者　小澤源太郎

責任編集　株式会社プライム涌光
電話　編集部　03(3203)2850

発行所　東京都新宿区若松町12番１号 〒162-0056　株式会社青春出版社
電話　営業部　03(3207)1916　振替番号　00190-7-98602

印刷・中央精版印刷　製本・ナショナル製本

ISBN978-4-413-04665-7

こころ涌き立つ「知」の冒険!

青春新書
INTELLIGENCE

こころ涌き立つ「知」の冒険!

青春新書 INTELLIGENCE

- 真相解明「本能寺の変」 光秀は「そこに」いなかったという事実 — 菅野俊輔 — PI・626
- 13歳からのキリスト教 — 佐藤 優 — PI・627
- 知らないと怖い がん検診の真実 — 中山富雄 — PI・628
- 「給与明細」のカラクリ — 梅田泰宏 — PI・629
- いい人間関係は「敬語のくずし方」で決まる — 藤田尚弓 — PI・630
- 常識として知っておきたい日本語ノート — 齋藤 孝 — PI・631
- 定年格差 70歳でも自分を活かせる人は何をやっているか — 郡山史郎 — PI・632
- 「ヨーロッパ王室」から見た世界史 — 内藤博文 — PI・633
- お酒の「困った」を解消する最強の飲み方 — 溝口 徹 — PI・634
- 「食」の未来で何が起きているのか フードテックのすごい世界 — 石川伸一［監修］ — PI・635
- その「うつ」っぽさ適応障害かもしれません — 岩波 明 — PI・636
- 脳の寿命を決めるグリア細胞 実は、思考・記憶・感情…を司る陰の立役者だった — 岩立康男 — PI・637
- いま知らないと後悔する2024年の大学入試改革 — 石川一郎 — PI・638
- 自己肯定感という呪縛 なぜ低いと不安になるのか — 榎本博明 — PI・639
- 孤独の飼い方 群れず、甘えず、私らしく生きる — 下重暁子 — PI・640
- ユダヤ大富豪に伝わる最高の家庭教育 — 天堤太朗 — PI・641
- UCLAで学んだ「超高速」勉強法 — 児玉光雄 — PI・642
- 世界史で深まるクラシックの名曲 — 内藤博文 — PI・643
- 一瞬で心が整う「色」の心理学 色の力で、仕事・人間関係・暮らしの質を上げる — 南 涼子 — PI・644
- 70代現役!「食べ方」に秘密あり — 生島ヒロシ 石原結實 — PI・645
- 「生前贈与」のやってはいけない 知らないと損する相続の新常識 — 税理士法人レガシィ 天野 隆 天野大輔 — PI・646
- 「中学英語」を学び直すイラスト教科書 — 晴山陽一 — PI・647
- 「文《もん》様《よう》」のしきたり 暮らしを彩る日本の伝統 — 藤依里子 — PI・648
- すごいタイトル㊙法則 — 川上徹也 — PI・649